AF359935

L'ENQUÊTE

AGRICOLE

DANS LE

DÉPARTEMENT DE LA CORRÈZE

Par le Docteur L. VACHER

MEMBRE DU CONSEIL DE LA SOCIÉTÉ DE STATISTIQUE DE PARIS

PROPRIÉTAIRE A TREIGNAC

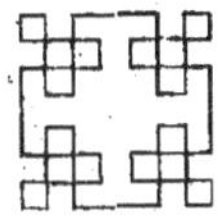

BRIVE	TULLE
IMPRIMERIE ROCHE,	LIBRAIRIE LEYMARIE
Grand'Place	*5, rue Nationale*

Juin 1874

L'ENQUÊTE

AGRICOLE

DANS LE

DÉPARTEMENT DE LA CORRÈZE

Par le Docteur L. VACHER

MEMBRE DU CONSEIL DE LA SOCIÉTÉ DE STATISTIQUE DE PARIS

PROPRIÉTAIRE A TREIGNAC

L'ENQUÊTE AGRICOLE

DANS LE

DÉPARTEMENT DE LA CORRÈZE

I.

Au moment où la propriété foncière, par suite du déficit de nos finances, se trouve menacée de supporter de
nouvelles charges directes ou indirectes, il n'est pas sans
intérêt d'exposer ici les résultats principaux de l'enquête
agricole qui a été faite il y a quelques années. Pour ne pas
nous égarer dans les généralités, nous nous en tiendrons
strictement aux faits qu'elle a révélés dans notre département.

On se souvient que dans les dernières années de l'Empire, à la suite de plaintes générales et chaque jour plus
vives dans le monde agricole, le gouvernement prescrivit
une enquête qui devait embrasser toute la France et éclai-
rer l'administration sur les causes du malaise qui travaillait
l'agriculture et notamment la petite propriété. Les opérations matérielles de l'enquête, commencées en 1866, se
terminèrent dans les premiers mois de 1867. Mais l'impression des documents a nécessité plusieurs années et n'a été
achevée que tout récemment par la publication du trente-
sixième et dernier volume de la collection, œuvre colos-
sale, qui, par certains côtés, rappelle les célèbres cahiers

du tiers-état de 1789 , et qu'un de ses auteurs a cru devoir décorer du titre de *Cahiers de l'Agriculture en 1870*. L'assimilation laisse beaucoup à désirer, et on nous permettra de faire en passant quelques réserves sur ce point.

Lorsque, en 1789, le tiers-état, qui représentait surtout la petite propriété, fut convoqué pour procéder à la rédaction de ses cahiers en *plaintes et doléances*, il le fit librement, sans être gêné dans l'expression de ses sentiments et de ses vœux, sous la direction et par l'organe d'hommes choisis par lui, qui traduisaient fidèlement sa pensée et qui surent la formuler dans un langage ferme et précis.

Tout autre est la procédure suivie dans la grande enquête de 1866 :

Un décret impérial partage la France en vingt-huit circonscriptions, comprenant chacune deux ou trois départements : une enquête régionale est ouverte dans chaque circonscription , sous la présidence d'un homme désigné par l'empereur. Cet homme est un sénateur, un député , un haut fonctionnaire de l'administration ; dans tous les cas, un personnage avant tout dévoué à la politique impériale. Il parcourt les départements avec tout l'appareil du pouvoir, entouré d'un personnel de fonctionnaires chargés de l'assister, s'installant dans les chefs-lieux d'arrondissement avec une solennité peu faite pour attirer l'agriculteur, pour vaincre sa défiance ou sa timidité naturelles, et l'amener à déposer en toute liberté. Sur ce point là, la déception de l'administration a été complète : dans l'arrondissement de Tulle, trois personnes seulement se présentèrent pour déposer. Le nombre total des dépositions orales recueillies n'atteint pas 4,000 pour toute la France. Le principal intéressé dans cette question, le paysan, n'a été nulle part consulté. Ce qui est plus grave, c'est que tous les témoignages reçus ne se trouvent pas consignés dans l'enquête. A l'impression des pièces, il y a eu un tri ; on a pris le dessus du panier des dépositions , et, après une révision sévère , on les a livrées à la publicité. Les dépositions malsonnantes, les mémoires à consulter écrits dans le cabinet avec la hardiesse que l'on n'a pas toujours dans une déposition orale, ont été écartés ou soigneusement expurgés. Dans le département de la Corrèze, quarante-trois mémoires écrits furent adressés à la commission d'enquête. Tout porte à croire que ces documents devaient former la partie la plus intéressante de l'enquête régionale dans la Corrèze : aucun extrait, aucune analyse n'en a été faite de façon à nous édifier sur la valeur de ces travaux ; les noms seuls des auteurs se trouvent mentionnés à la fin d'un des volumes.

La pensée qui prédomine dans cette enquête, et qui en a dicté tous les détails d'organisation, est avant tout une pensée personnelle et dynastique. L'Empire est moins préoccupé du sort de l'agriculture que de la crainte de voir sortir du témoignage des déposants des faits de nature à mettre en cause sa responsabilité et à diminuer le prestige de son autorité. On a craint la lumière, cela est évident.

Si la vérité eût pu se faire jour, si les personnes les plus intéressées à être entendues, c'est-à-dire les paysans, les propriétaires ruraux et la petite bourgeoisie, eussent pu parler librement, croit-on que tout se fût borné, comme il est arrivé dans la majorité des cas, à des lieux communs sur le reboisement, sur les chemins vicinaux et sur le code rural ? Croit-on qu'on se fût arrêté à chercher, comme on dit, la petite bête, et qu'on n'en fût pas venu à aborder la question par son grand côté, à mettre le doigt sur la plaie et à signaler les vraies causes du mal qui travaillait l'agriculture ? Croit-on que, même dans la Corrèze, il ne se fût pas trouvé des hommes pour protester contre cette spéculation désordonnée du dernier règne, contre ce système d'emprunts nationaux ou étrangers, qui détournaient de l'agriculture des capitaux qui allaient se perdre sans profit à l'étranger, ou qui, dans notre pays, ne servaient qu'à gorger quelques sangsues publiques ? Croit-on qu'aucune voix ne se fût élevée contre cette manie des embellissements fastueux, contre ces travaux de démolition à outrance dans les grandes villes, cause principale de la dépopulation des campagnes et du renchérissement exagéré de la main d'œuvre? Croit-on qu'on n'eût pas protesté contre cette Haussmanisation systématique de la France, qui, dans la Corrèze, aboutissait à la création d'une préfecture monumentale, dépense aussi ruineuse qu'inutile, qui devait doubler nos centimes additionnels, déjà si lourds pour la propriété foncière? Croit-on qu'on n'eût pas protesté contre cette politique toujours en quête d'aventures, qui, chaque année, partait en guerre et nous mettait dans la nécessité d'accroître sans cesse nos contingents militaires et nos budgets, enlevant ainsi à l'agriculture les bras et l'argent dont elle avait tant de besoin, politique extravagante, dont les conséquences ont été si désastreuses pour notre pays?

Ainsi une bonne part de la vérité n'a pu se faire jour dans l'enquête, par la faute même de ceux qui l'ont instituée : l'enquête n'a pas été libre; elle a été trop officielle. M. Léonce de Lavergne s'éleva dès le début contre cette manière de procéder, signalant avec beaucoup de force les inconvénients qu'elle présentait au point de vue de la sincérité des dépositions et de l'exactitude des informations; il lui opposait avec raison l'exemple des pays libres, notamment de l'Angleterre, où les enquêtes, prescrites par le parlement et non par la reine ou le ministère, sont dirigées par des hommes que leur compétence seule désigne au choix de l'administration, et qui procèdent à leur mission sans se laisser guider ou arrêter par aucune considération personnelle, n'ayant d'autre souci que de découvrir les causes du mal qui a provoqué l'enquête, et le révélant, le cas échéant, avec une franchise de langage et une impartialité auxquelles notre monde officiel ne nous a pas encore habitués.

Sans aller chercher ses exemples à l'étranger, M. de Lavergne eût pu dire qu'il y a eu dans notre pays, mais sous d'autres gouvernements, des enquêtes exécutées dans des conditions qui n'ont rien laissé à désirer, au point de vue de la procédure suivie et des résultats qu'on a obtenus. Ainsi, lorsqu'en 1842, le gouvernement, préoccupé de la situation déplorable des classes ouvrières dans quelques villes manufacturières, se décida à ouvrir une enquête à ce sujet; il chargea de cette mission un seul homme, un médecin qui avait établi depuis longtemps sa compétence dans les questions d'économie sociale, le docteur Villermé, membre de l'académie des sciences morales et politiques. Le délégué du gouvernement consacra deux années à visiter les centres industriels, non pas avec la pompe officielle dont s'entouraient les commissaires impériaux de l'enquête agricole, mais avec une simplicité poussée jusqu'à l'abandon, sans escorte, sans décorations (Villermé était, avec M. Littré, le seul membre de l'Institut qui ne fût pas décoré), visitant ces greniers de Rouen et ces caves de Lille, où des milliers d'ouvriers vivaient entassés, interrogeant, comme il le dit, la misère sans l'humilier, observant l'inconduite sans l'irriter; et les résultats de cette enquête, consciencieuse s'il en fut, il les consigna dans un livre rempli de détails navrants, écrit avec une indépendance aussi éloignée de la sédition que de la complaisance envers le pouvoir. *L'Etat physique et moral des ouvriers dans les fabriques* a fait plus, pour l'amélioration du sort des ouvriers, que toutes les déclamations de la presse et tous les décrets des réformateurs de 48.

Supposez maintenant qu'au lieu de ces personnages chamarrés, que le gouvernement impérial envoyait à grands frais et à grand bruit dans les départements, pour présider les commissions d'enquête, et qui se transportaient solennellement dans les chefs-lieux d'arrondissement pour y tenir, comme disait l'un d'eux dans son langage emphatique, les *assises de l'agriculture*, attendant dans les salles des hôtels-de-ville un public qui ne venait pas, supposez, dis-je, qu'on eût choisi huit ou dix hommes spéciaux, sans attaches avec le pouvoir, mais se trouvant, par leurs occupations, depuis longtemps en relations avec le monde agricole, et recommençant pour nos populations rurales la mission que Villermé avait accomplie avec tant de succès pour les populations des villes manufacturières, allant eux-mêmes étudier sur place les besoins de l'agriculture, consultant les propriétaires ruraux, les fermiers, faisant parler le paysan, ce qui est, j'en conviens, fort difficile, mais n'est pas absolument impossible ; il n'est pas douteux qu'on n'eût obtenu ainsi des renseignements précieux qui sont encore à recueillir, et alors nous eussions eu condensés dans quelques volumes des détails que l'on chercherait vainement dans les trente-sept *in-quartos* de la collection officielle.

Malgré les vices de la procédure suivie dans l'enquête de 1866, il faut reconnaître cependant que le travail qui en est sorti présente un grand intérêt, surtout pour qui sait lire entre les lignes et à travers les réticences intéressées de la rédaction officielle. Quand on parcourt la collection, on voit qu'il est peu de départements où il ne se produise des dépositions qui témoignent d'une intelligence parfaite des maux qui travaillent l'agriculture, des causes générales aussi bien que des causes locales qui entretiennent le mal, et des remèdes qu'on peut lui opposer. Dans le département de la Corrèze en particulier, en dehors de dépositions orales fort remarquables dont nous aurons à nous occuper, nous trouvons quelques réponses au questionnaire administratif, réponses formulées par quelques-uns des comices agricoles de la Corrèze, et auxquelles nous ferons une large place dans ce travail. Enfin, pour être juste envers tout le monde, nous devons ajouter que l'affabilité bien connue de M. Lafond de Saint-Mur, qui fut chargé de présider l'enquête agricole dans notre département, tempéra quelque peu la roideur du programme officiel, et qu'à certains égards, les inconvénients que nous avons signalés furent ici peut-être moins sensibles que dans d'autres circonscriptions.

II.

Nous avons dit que pour la facilité des opérations de l'enquête, la France avait été partagée en vingt-huit circonscriptions. Le département de la Corrèze fut classé dans la vingtième, qui comprenait, en outre, la Haute-Loire, la Lozère et le Cantal. Sans nous attarder plus longtemps aux considérations générales, nous allons procéder tout de suite au dépouillement de l'enquête dans notre département.

C'est le 5 novembre 1866 que la Commission spéciale se réunit à Tulle, dans une des salles de l'hôtel-de-ville, sous la présidence de M. le baron Lafond de Saint-Mur, assisté de MM. Brincaut, auditeur au conseil d'État, et Margerie, secrétaire. La Commission comprenait en outre MM. Le Sénéchal, adjoint à l'inspecteur général de l'agriculture ; Oudet, secrétaire général de la préfecture ; le comte de Lavaur de Sainte-Fortunade, vice-président du comice agricole de Tulle ; le comte d'Ussel, directeur de la ferme-école des Plaines ; Planchard de la Grèze, président du comice agricole de Beaulieu ; Treins, juge de paix d'Égletons ; Forsse, conseiller général de Bort ; le Clerc, vice-président du comice agricole de Brive.

Comme nous l'avons dit plus haut, trois personnes seulement se présentèrent pour déposer devant la Commission, et l'enquête, ouverte le 5 novembre, dut être close le lendemain, « attendu, est-il dit dans le procès-verbal, qu'il est six heures du soir et qu'aucune autre personne ne s'est présentée. » Toutefois, comme pour suppléer à la pénurie des dépositions, quelques membres de la Commission émirent, avant de se séparer, une série de vœux relatifs aux besoins de l'agriculture dans la Corrèze. Nous allons les résumer succinctement d'après le procès-verbal.

I. — Voies de communication. — Les Commissaires demandent le tracé et la construction de la ligne ferrée de Lyon à Bordeaux par les Plateaux et la ville de Tulle. Ils réclament des subsides de l'État pour l'amélioration des chemins vicinaux et une répartition plus équitable entre les départements des subventions applicables à ce réseau.

II. — Émigration. — Les Commissaires, après avoir constaté les tendances toujours croissantes des populations rurales à émigrer vers les villes, demandent l'extension aux ouvriers agricoles des dispositions de la loi du 22 juin 1854 sur les livrets ; l'organisation de l'assistance médicale dans les campagnes ; l'enseignement agricole rendu partie intégrante de l'instruction primaire.

III. — Législation. — Les Commissaires réclament l'extension de la compétence des juges de paix ; la loi devrait les autoriser à juger en dernier ressort jusqu'à concurrence de 500 fr. Sans toucher au principe d'égalité en matière de partage, les Commissaires demandent que les articles 826 et 827 du code civil soient modifiés, en ce sens que le père de famille puisse allotir ses enfants avec des valeurs de la succession ou des soultes, sans être astreint à composer chaque lot de biens de même nature ; ils demandent en outre que les tribunaux soient investis du même pouvoir. La législation sur les droits de mutation doit être remaniée ; les droits de vente et de cession entre co-héritiers devraient être réduits, et le passif porté en déduction dans l'établissement des droits de succession. Enfin les Commissaires se prononcent en faveur de la liberté commerciale, alors vivement attaquée par une certaine école économique et la regardent comme favorable à la production limousine.

Le 8 novembre 1866, la Commission d'enquête alla tenir une séance à Ussel. Huit propriétaires ou agriculteurs vinrent déposer devant elle. M. Treich-Laplène fit surtout ressortir l'état d'isolement dans lequel se trouvait notre département par suite du manque de débouchés, et conclut en demandant la prompte ouverture du chemin de fer de Lyon à Bordeaux, direction des Plateaux. M. de Bony, propriétaire à Ussel, demanda que des comités d'agriculture fussent institués dans chaque commune rurale , composés du maire et des agriculteurs les plus intelligents. Quelques outils aratoires perfectionnés , charrues, herses, etc., seraient déposés à la mairie et prêtés aux agriculteurs ; chaque cultivateur aurait bientôt sa charrue perfectionnée.

M. Longy, maire d'Eygurande , insiste pour l'organisation d'un service de vétérinaires ; cette création serait d'une grande utilité pour les campagnes, qui perdent chaque année beaucoup de bétail, par suite des épizooties.

Nous trouvons, à la suite des dépositions, une note de la Chambre consultative d'agriculture d'Ussel. Cette note a été rédigée d'après un mémoire de M. le comte d'Ussel, directeur de la ferme-école des Plaines. C'est un travail fort bien fait, que nous croyons devoir résumer ici.

La Chambre consultative constate que ce que l'on appelle la moyenne et la petite propriété , forme aujourd'hui les 19/20 des exploitations dans la Corrèze. La Chambre signale l'augmentation croissante des salaires et croit voir une aggravation du mal dans la jurisprudence de la plupart des juges de paix , trop favorables à l'insubordination des salariés. Le contrat de louage à l'année comporte des devoirs et des engagements qui doivent lier les deux parties.

La suppression de l'échelle mobile n'a pas paru à la Chambre être la cause principale de l'abaissement du prix des céréales depuis 1860. Elle la trouve bien davantage dans l'abondance produite par six bonnes années consécutives ; mais pour que l'expérience fût complète, il faudrait voir ce qui arriverait après une série de mauvaises années. Nous avons à peine besoin d'ajouter que les événements ont justifié les vues de la Chambre consultative, et donnent la réplique à l'un des déposants qui avait demandé l'établissement d'un droit fixe à l'entrée des blés étrangers.

La Chambre consultative fait ressortir l'irrégularité choquante qui existe entre les départements au point de vue de la répartition de l'impôt foncier, qui, dans la Corrèze, est équivalent au septième du revenu, tandis que dans le reste de la France il représente le neuvième ou le dixième seulement.

La Chambre consultative émet dans sa note les vœux suivants :

1º Création d'un chemin de fer reliant les trois arrondissements ; développement du réseau de la grande et petite vicinalité.

2ᵉ Instruction primaire agricole donnée dans les écoles communales ; instruction technique dans les établissements spéciaux.

3º Partage, vente ou amodiation des communaux de section, d'après l'avis des conseils généraux.

4º Création d'un syndicat de prudhommes dans chaque canton, jugeant toutes les questions relatives à l'agriculture.

5º Diminution des droits fiscaux sur les successions directes et les ventes ; en compensation, création d'impôts sur les valeurs mobilières ; péréquation de l'impôt foncier.

6º Maintien du libre échange.

7º Résidence au pays des soldats de la réserve.

8º Diminution de l'impôt du sel.

La Commission d'enquête se transporta à Bort le 10 novembre. Des motifs de convenance particuliers avaient décidé la commission à se rendre dans cette ville : dans la question du chemin de fer Lyon-Bordeaux, Bort avait un intérêt différent de celui d'Ussel et de Tulle : ces deux dernières villes réclamaient le tracé par les Plateaux, tandis que Bort et avec lui la Xaintrie réclamaient le tracé par la vallée de la Dordogne.

Quatre personnes seulement vinrent déposer devant la Commission. M. Forsse, propriétaire à Valette de Sarroux, déclare que les souffrances de l'agriculture ne sont pas aussi grandes qu'on veut bien le dire. Il signale les vices des institutions de Crédit, Crédit agricole, Crédit foncier, qui n'ont rendu aucun service à l'agriculture. Le prêt hypothécaire est difficile dans la Corrèze, à cause de la dotalité. Mais l'agriculture pouvait offrir d'autres gages, et l'extension donnée à l'article 2102 du Code Napoléon, comme le demandait M. Rivet, donnerait de bons résultats. Le déposant réclame l'organisation de nouvelles fermes-écoles et la promulgation du Code rural.

M. Auguste Leclerc, propriétaire et négociant à Bort, adhère à la déposition de M. Forsse et présente quelques observations sur la question du chemin de fer Lyon-Bordeaux.

La Commission d'enquête se rendit, le 14 novembre, à Beaulieu, qui, comme Bort, avait un intérêt particulier au tracé de la ligne ferrée par la vallée de la Dordogne. En dehors des dépositions de MM. Brel, Brousse, Fontanille d'Altillac, baron de Costa, relatives à cette question du tracé de la voie ferrée, nous trouvons une déposition fort remarquable de M. Duchamp de la Geneste sur la situation de l'agriculture dans le canton de Beaulieu. En raison de son importance, nous croyons devoir en reproduire ici les principaux détails.

M. Duchamp signale l'état de morcellement de la propriété comme une des causes du malaise qui la travaille. Dans le canton de Beaulieu, il n'y a pas moins de 6,768 cotes, savoir : 4,567 au-dessous de 10 francs ; 250 cotes de 10 à 20 francs ; 548 de 20 à 30 francs ; 484 de 30 à 40 ; 433 de 30 à 50 ; 342 de 50 à 100 ; 95 de 100 à 200 ; 38 de 200 à 300 ; 3 de 300 à 400 ; 1 de 400 à 500 ; enfin, 7 au-dessus de 500 francs. Il n'y a pas une propriété de cent hectares. Tout le monde, ajoute M. Duchamp, possède un peu, personne pour être assez riche ; c'est là une des causes de la rareté des bras.

Le déposant demande que le père de famille soit investi d'un droit de tester plus étendu : la loi actuelle est insuffisante et défectueuse.

Les institutions de crédit n'ont pas répondu à l'attente des agriculteurs. On ne peut se procurer de l'argent dans les campagnes qu'au moyen d'obligations devant notaire.

l'emprunteur paie ainsi un droit énorme ; car le remboursement devant se faire d'ordinaire au bout d'un an ou deux, le malheureux débiteur se trouve alors payer en frais d'obligations, inscriptions hypothécaires et quittances, un intérêt de 10 à 12 pour 100, sans compter les pourboires et cadeaux qui sont devenus l'accompagnement obligé d'un prêt.

M. Duchamp demande la révision du cadastre. Cette opération a été mal faite : il n'y a pas une seule contenance exacte, et cependant dans les pays de morcellement comme le nôtre, où le terrain est si précieux et si convoité, quelques mètres de plus ou de moins font entreprendre des procès longs et ruineux. Cette opération assurerait un bornage perpétuel, découragerait l'esprit de rapine et d'usurpation qui gagne les campagnes et assurerait l'inviolabilité de la propriété.

Le déposant voudrait voir modifier la législation relative au glanage, au grapillage et au ratelage. La cour de cassation a décidé que le propriétaire, pendant trois jours après l'enlèvement de sa récolte, ne peut empêcher d'entrer dans son champ ; c'est là dit M. Duchamp, une atteinte réelle au droit de propriété.

M. Duchamp termine sa déposition par quelques propositions sur le vinage ou alcoolisation des vins faibles du Bas-Limousin, sur les frais de ventes judiciaires, sur les droits de mutation.

Le 16 novembre 1866, la Commission d'enquête se transporta à Brive. Neuf personnes se présentèrent pour déposer. Ici, comme à Beaulieu et à Ussel, nous voyons des plaintes très-vives s'élever contre l'inégale répartition de l'impôt. Suivant M. Durieux, agriculteur à Objat, la propriété foncière supporte, dans l'arrondissement de Brive (et il n'y a pas de raison de croire qu'il en soit autrement pour le reste du département) une imposition de 15 pour 100 : une ferme de 20,000 francs paie 100 francs d'impôts , elle donne 3 pour 100 de revenu. soit 600 francs par an ;

si l'on ajoute à cela la charge énorme des droits de succession, les frais de justice, de notariat, les droits d'hypothèques et d'enregistrement, les prestations, etc., on voit combien sa situation est déplorable vis-à-vis des autres sources de la fortune publique.

M. de Chamaillard, propriétaire à Mansac, réclame la péréquation de l'impôt : En supposant, dit-il (et nous verrons plus loin que son appréciation n'est pas exagérée), que le département de la Corrèze paie de cent à deux cent mille francs de plus que sa quote-part, il est certain que ce chiffre représente une réserve considérable dont l'agriculture se trouve indûment frustrée. Il demande l'organisation du crédit agricole et l'extension à l'article 2102 du Code civil, déjà réclamée par M. Rivet. Cet article est dès à présent applicable aux propriétaires et agriculteurs propriétaires ; il peut aussi sans difficulté être étendu aux colons partiaires.

M. le vicomte de Corn, à Brive, demande que l'engrais humain soit recueilli aux frais de l'Etat et vendu aux agriculteurs. C'est le seul vœu qui ait été émis devant la commission d'enquête sur la question si importante des engrais ; nous reviendrons plus loin sur la déposition de M. de Corn.

M. de Lamberterie, avocat et propriétaire, signale la tendance de certains employés à produire de fausses mercuriales ; elles sont presque toujours au-dessous du chiffre de la vente. Ces mercuriales ont pour effet de provoquer la baisse, il demande la création de commissions permanentes prises dans les conseils municipaux pour surveiller l'établissement des mercuriales et fournir aux journaux les cotes officielles. Il voudrait également qu'il n'y eût qu'un seul tarif pour les transports en chemins de fer, soit de grandes soit de petites quantités de produits agricoles.

M. de Lamberterie demande que les juges de paix cessent de s'occuper de police politique et que leur compétence soit étendue dans les questions agricoles. Enfin il réclame la prompte promulgation d'un code rural.

M. Léger, juge de paix et agriculteur à Juillac, présente à la commission une note dans laquelle il insiste sur la création de prairies artificielles, là où les prairies naturelles n'existent pas ou ne peuvent être formées. Il réclame également la création de caisses agricoles qui seraient chargées de recueillir les fonds des sociétés d'assurances mutuelles contre la grêle, l'incendie, les épizooties.

Ici s'arrête le travail de la Commission pour le département de la Corrèze. Ouverte le 5 novembre 1866, l'enquête fut close le 17 du même mois. Dans l'intervalle de douze jours, les commissaires recueillirent trente dépositions ; nous ne parlons pas des mémoires manuscrits, au nombre de quarante-trois, envoyés à la Commission, et qui échappent nécessairement à notre appréciation.

III.

Il nous reste maintenant à reprendre les faits exposés dans l'enquête départementale, à les coordonner en les rapportant à un certain nombre de divisions, et à rechercher les conclusions pratiques qu'ils comportent. Dans cette dernière partie de notre travail, nous nous aiderons pour préciser les faits, quelquefois vagues, mais toujours véridiques, que contiennent les dépositions orales, de quelques données numériques qui nous ont été communiquées, il y a déjà quelques années, par M. le docteur Legoyt, ancien directeur de le statistique générale de la France. Notre département a été, de 1860 à 1869, l'objet d'une statistique établie par les soins de commissions cantonales spéciales. C'est ce travail, fort bien fait d'ailleurs, qui nous servira à compléter ou à préciser certains détails des dépositions orales.

Voici les divisions auxquelles nous allons ramener, pour plus de clarté, les faits de l'enquête : Morcellement de la propriété foncière dans la Corrèze, mode d'exploitation, cultures, outillage, production agricole, engrais, défrichement et dessèchement, débouchés et viabilité, charges de l'agri-

culture et péréquation de l'impôt, main-d'œuvre et salaires,
assistance médicale, capitaux et moyens de crédit, législation et transmission de la propriété. Ces divisions, sans
embrasser les 161 questions du Questionnaire officiel, suffisent néanmoins pour encadrer tous les faits de l'enquête
agricole dans la Corrèze.

§ 1. *Morcellement de la propriété.* — Nous avons dit plus
haut que M. Duchamp de la Geneste avait appelé l'attention de la Commission d'enquête sur l'état de morcellement de la propriété dans le canton de Beaulieu, et
nous avons reproduit les chiffres intéressants qu'il avait
fournis à l'appui de son dire. C'est le seul travail de ce
genre que nous trouvions dans les procès-verbaux de la
Commision d'enquête ; mais la statistique des commissions
cantonales, dont nous avons parlé plus haut, nous fournit
des chiffres d'ensemble applicables au département tout
entier, et ces chiffres conduisent à la même conclusion que
ceux de M. Duchamp, à savoir que le terrain est extrêmement morcelé dans notre département, et que la grande
propriété a disparu ou est en voie de disparaître. En effet,
en 1860, et il est bien certain que depuis cette époque la
tendance au morcellement s'est plutôt exagérée qu'atté-
nuée, les cotes foncières dans la Corrèze se répartissaient
de la façon suivante :

	Nombre.	Montant.
Cotes au-dessous de 5 francs...	45,326	86,481 fr.
Cotes de 5 à 10 fr.....	13,214	93,962
10 à 20.......	11,638	165,477
20 à 30.......	5,595	137,325
30 à 50......	5,796	224,201
50 à 100......	4,464	305,879
100 à 300......	2,000	309,649
300 à 500......	196	74,027
500 à 1,000.....	76	48,884
Cotes au-dessus de 1,000.....	5	7,296
Total........	88,310	1,453,181 fr.

Ainsi, il résulte de ce relevé que le nombre des cotes dans la Corrèze était de 88,310, dont plus de la moitié étaient inférieures à 5 francs. Cela ne veut pas dire qu'il y ait 88,000 propriétaires ; car un propriétaire peut avoir plusieurs cotes à son nom, s'il possède des terrains dans plusieurs communes. Mais il est certain qu'il y a là un indice de la grande division du sol ; nous savons d'ailleurs par une autre statistique que nous avons sous les yeux, que le nombre total des propriétaires fonciers dans la Corrèze est de 51,648, ce qui représente 78 pour 100 du nombre total des chefs de famille. En 1835, le nombre des cotes foncières n'était que de 61,295 : à cette époque, on comptait 29,305 cotes au-dessous de 5 francs, tandis qu'en 1860, ce nombre s'élevait à 45,326.

Tout porte à croire que ce mouvement de la propriété foncière n'est pas encore épuisé et qu'il n'a pas dit son dernier mot. Dès à présent, il constitue une révolution économique qui mérite d'être remarquée, bien que nous n'en ayons pas vu toutes les conséquences. Les chiffres que nous venons de citer indiquent, en effet, l'accession d'un plus grand nombre d'individus à la propriété ; le sol tend à passer à de nouvelles mains. Or, les nouveaux occupants, les nouvelles couches sociales qui accèdent à la propriété, ce sont les cultivateurs des campagnes, c'est le paysan qui poursuit son œuvre d'absorption, d'accaparement légal avec une opiniâtreté qui laisse peu de doute sur le sort de la propriété actuelle, au moins dans les pays exclusivement agricoles, comme la Corrèze. Or, c'est là une révolution remarquable, d'autant plus remarquable qu'elle se poursuit sans relâche et qu'elle marche à son but, sans être même affectée par ces crises politiques, qui troublent notre société.

Le paysan a parfaitement conscience de ce travail souterrain qu'il accomplit, et l'un d'eux, qui de fermier était devenu propriétaire et à qui je parlais de ses acquisitions continuelles de terrain, me répondait ce que voici : « A

Paris, monsieur, on nous fait des révolutions qui mènent beaucoup de bruit, et à cela près qu'on change le maire et le juge de paix, et qu'on augmente chaque fois nos tailles, nous ne nous en apercevons guère ; mais, nous autres, nous faisons notre révolution sans bruit, chaque jour un peu ; et, monsieur, il y paraît bien déjà quelque chose. Nous sommes déjà maîtres de tous les châteaux dans notre canton (celui de Treignac), et, sauf votre respect, les bourgeois sont plus qu'à moitié entamés » ; et il énumérait les propriétés bourgeoises qui étaient passées aux mains des paysans. Ajoutons que le bourgeois résiste peu à ce travail d'absorption qui se fait autour de lui et à ses dépens ; que le goût du luxe, le délaissement des travaux agricoles, l'engouement pour les professions libérales, tout conspire en faveur du paysan.

Reprenons la déposition de M. Duchamp, de Beaulieu : « Tout le monde, dit-il, possède un peu dans notre pays. et personne pour être assez riche ; c'est une des causes de la rareté des bras et une des principales causes de la misère du pays ». Nous croyons avec M. Duchamp que ce morcellement du sol a pour résultat de faire renchérir la main-d'œuvre, bien que ce ne soit pas la seule ni même la principale cause du renchérissement ; mais nous ne croyons pas que ce morcellement soit la cause de la misère du pays. Quoi donc ? le canton de Beaulieu serait-il plus riche, si la propriété était aux mains de quelques grands propriétaires, et que le reste des habitants fût métayer ou journalier ! Je ne le pense pas. L'acquisition d'un lopin de terre, ne fût-il que d'un arpent, s'il n'est pas nécessairement l'indice de l'aisance, est au moins l'indice de l'épargne qui est l'acheminement vers une situation meilleure. Le morcellement croissant de la petite propriété a trouvé dans l'enquête agricole beaucoup d'adversaires ; quant à nous, nous pensons qu'il faut se féliciter de ce résultat ; car, il est tout à la fois la preuve d'un accroissement de bien-être et un gage de sécurité pour la propriété.

Où nous sommes d'accord avec M. Duchamp, c'est lorsqu'il signale les inconvénients du morcellement du sol, relativement à la délimitation des parcelles. En parcourant l'enquête agricole dans le reste de la France, on voit, en effet, que les plaintes sont unanimes sur l'incertitude des limites, résultant de la subdivision de la propriété. Là où les terres sont restées compactes et, comme on dit, d'un seul tenant, le mal est insignifiant ; mais, dans les pays comme la Corrèze, où la petite propriété prédomine et tend à s'émietter chaque jour, un sillon envahi sur les quatre faces de chaque pièce de terre constitue une perte considérable. Ajoutons à cela que ces usurpations de terrain sont presque toujours le point de départ de procès ruineux entre voisins.

M. Duchamp insiste avec raison pour qu'il soit procédé à la révision du cadastre. Pour d'autres raisons, mais surtout pour arriver à une répartition plus équitable de l'impôt foncier, l'Assemblée nationale a nommé récemment une commission chargée de préparer ce travail ; mais au point de vue spécial où nous nous plaçons avec M. Duchamp, la révision du cadastre rendrait un immense service à l'agriculture, parce qu'elle assurerait un bornage pour ainsi dire perpétuel. L'enquête générale nous apprend que dans le département de la Meuse, où la propriété est très divisée, le conseil général a fait procéder à un abornement systématique, à la suite d'un arpentage rigoureux qui a été payé par les communes. Dans l'une de ces communes, 832 hectares de terre comprenaient 5,348 parcelles appartenant à 270 propriétaires. Le montant de l'opération a été de 21 francs par hectare ; mais la satisfaction a été générale. Dans la Haute-Vienne, des abornements ont été exécutés par les conseils municipaux, sous la direction acceptée à l'amiable de M. Freyssinaud, juge de paix à Limoges.

§ 2. *Mode d'exploitation, cultures, outillage, production agricole.* — Nous avons établi plus haut, à l'aide du tableau des cotes foncières combien le sol est morcelé dans notre département. Voici d'autres chiffres qui présentent la question du morcellement sous une autre face. En 1865, le nombre des exploitations rurales d'une contenance inférieure à 5 hectares était de 16,892 ; de 5 à 10 hectares, de 6,545 ; de 10 à 20 hectares, de 4,810 ; de 20 à 30 hectares de 3,479 ; de 30 à 40 hectares, de 1,853 ; de 40 hectares et au-dessus, de 2,661. A la même époque, le nombre des propriétaires cultivant de leurs mains était de 33,482. A ce nombre il convient d'ajouter 18,166 propriétaires cultivant pour eux et pour autrui, à titre de fermiers ou de métayers. Le nombre des fermiers non propriétaires était de 1,917, celui des métayers non propriétaires, de 6,236. Il est bon de remarquer que depuis quelques années le fermage tend à se substituer de plus en plus au métayage.

Il y a des choses, observe Montesquieu, que tout le monde répète parce qu'elles ont été dites une fois. On a dit, et tout le monde a répété depuis, que notre département est un pays essentiellement agricole, produisant beaucoup de grains. La vérité est que l'agriculture est très-négligée dans la Corrèze, et que ce département ne produit même pas la quantité de céréales nécessaire à la subsistance de ses habitants. Voici, en effet, une statistique qui peut nous édifier à ce sujet :

NATURE DES CULTURES DANS LA CORRÈZE.

	Hectares.	Hectolitres.
Froment	22,638	255,851
Méteil	2,082	25,279
Seigle	75,052	888,813
Sarrasin	19,971	315,452
Orge	1,442	20,142
Avoine	10,316	153,710
Maïs	5,000	170,462
Farineux	19,338	19,338
Pommes de terre	»	1,327,148
Châtaignes	71,661	933,552

Le rendement des cultures est celui de l'année 1862 qui

est une bonne année moyenne. Si l'on considère les céréales proprement dites, celles qui servent à la préparation du pain, c'est-à-dire le froment et le seigle, on trouve que la production moyenne par habitant est de 390 litres. Or, des calculs basés sur une observation de quarante ans établissent que la quantité de céréales nécessaire pour les besoins de toute nature, alimentation et semence, est de 547 litres par individu. L'habitant de la Corrèze est obligé de demander un supplément de nourriture à d'autres cultures ; même en y joignant le sarrasin, qui donne une pâte de mauvaise qualité, levant mal et de difficile digestion, nous n'arrivons qu'à 495 litres par habitant. La châtaigne fournit un supplément important. Il faut y ajouter aussi pour une faible part l'importation de farine de froment venant de départements voisins. La France heureusement est un des sept états de l'Europe qui ont un excédant régulier de production céréale ; le rendement moyen est de 679 litres par habitant, et ce n'est que dans les années de disette que nous sommes obligés de nous adresser à la Russie, qui produit 788, et aux Etats-Unis qui donnent 1,312 litres par habitant. On voit combien était inopportun le vœu de cet agriculteur d'Ussel qui demandait devant la commission d'enquête qu'une taxe fût perçue à l'entrée des blés étrangers. La production française, même et surtout la production limousine, réclament énergiquement le libre échange et la libre circulation des produits agricoles.

Notre production céréale, cela résulte des chiffres cités plus haut, est moindre que la moyenne des départements français et de plus elle est insuffisante pour notre consommation. On accuse parfois de cette situation le manque de débouchés, l'absence de chemins de fer traversant notre département. Ce n'est pas là, à notre avis, la vraie cause de l'état d'infériorité de notre production agricole. Elle réside bien plutôt dans le manque ou l'insuffisance d'engrais, mais surtout dans nos procédés de culture peu perfectionnés, et dans l'état de l'outillage agricole.

C'est un fait d'observation que là où les nouveaux instruments aratoires sont employés en plus grand nombre, là aussi le rendement des terres est le plus considérable. Quelques chiffres permettront de préciser ce que cette assertion a de vague. Le département de Maine-et-Loire, d'après la statistique des commissions cantonales, est un de ceux dont la production agricole, principalement en céréales, est la plus considérable : elle est évaluée à 210 millions de francs ; ce département possède 20,215 charrues perfectionnées et 251 machines à vapeur pour battre le grain. La Côte-d'Or, très-riche département dont la production agricole est évaluée à 144 millions de francs, possède, sur 1,000 charrues de tout genre, 519 charrues perfectionnées et 481 anciennes. Dans notre département, dont la production agricole est fixée par les commissions cantonales à 58,000,000 fr., on a recensé 1,210 charrues perfectionnées, contre 46,479 charrues du pays (la vieille charrue gauloise) : ajoutons-y 887 herses et 1 machine à vapeur pour battre le blé. C'est donc avec raison que M. de Bony d'Ussel demandait, dans sa déposition, que quelques outils aratoires perfectionnés fussent mis en dépôt à la mairie, dans quelques communes rurales et prêtés aux agriculteurs. Ce serait un excellent encouragement à donner à notre agriculture.

Un fait assez curieux et qui mérite d'être signalé ici, ressort de l'étude comparée du rendement céréal dans les divers départements. Dans la Corrèze, la quantité moyenne de semence employée par hectare est de 1 hectol. 82 pour le froment et de 1 hectol. 93 pour le seigle. Le rendement moyen par hectare est de 11 hectol. 30 pour le froment, et de 11 hectol. 84 pour le seigle. Dans le département d'Eure-et-Loir, où l'ensemencement se fait à raison de 2 hectol. 54 par hectare, le rendement en froment est de 22 hectol. 86, c'est-à-dire deux fois plus considérable que dans notre pays. Je dois faire remarquer que, dans ce dernier département, l'usage des engrais artificiels n'est pas beaucoup plus répandu que dans la Corrèze, en sorte que la plus value dans le rendement semblerait due principalement à la proportion de semence. Dans le département de la Seine (arrondissements de Sceaux et Saint-Denis) où l'on ensemence encore *plus dru* (3 hectol. 03 par hectare) et où l'on prodigue l'engrais, le rendement monte à 29 hectol. 89 par hectare. Dans la Corse où l'engrais est maigre et la semence rare (1 hect. 06 par hectare), le rendement céréal descend à 9 hect. 32 par hectare. Il y a là quelques faits dont la pratique agricole pourrait faire son profit.

Je viens de dire tout à l'heure que la production agricole de la Corrèze était évaluée à 58,000,000 fr. Je vais donner ici, d'après la statistique des commissions cantonales, le tableau détaillé de cette production. Les chiffres que nous allons établir ici nous serviront d'ailleurs un peu plus loin pour la question de la péréquation de l'impôt, qui a été soulevée avec raison en plusieurs endroits pendant l'enquête régionale de 1866.

	Hectares cultivés ou plantés.	Production en hectolitres.	Prix moyen de l'hectolitre.		Valeur de la production.
Froment...	22,638	255,851	22 f.	26	5,695,446 f.
Méteil.....	2,082	25,279	18	56	469,298
Seigle......	75,052	888,813	14	61	12,987,178
Orge........	1,442	20,142	11	91	239,927
Avoine.....	10,316	153,710	7	81	1,200,853
Maïs.......	5,000	70,462	15	63	1,101,197
Sarrasin...	19,971	315,452	10	27	3,240,083
Pommes de terre..	11,927	1,327.148	2	36	3,143,381
Vignes.....	15,302	217,783	23	93	5,930,557
Châtaignes.	61,698	933,552	2	86	2,695,394

Total.................. 36,703,314 f.

Nous n'avons donné dans ce tableau que les principales cultures, et même pour celles qui y sont inscrites, les chiffres de la production ne s'appliquent qu'au rendement en grain et non à la paille. En ajoutant à ces chiffres ceux que fournissent les relevés des commissions cantonales et qu'il serait trop long de reproduire, tels par exemple que la production en légumes, farineux, en textiles (chanvre et lin), en fourrages qui représentent une valeur de 13,400,000 fr., etc., on arrive à un chiffre total de 58,000,000 fr. pour la production agricole de notre département.

§ 3. — *Engrais, défrichements et desséchements.* — Nous avons dit plus haut que l'une des causes du déficit de la production céréale dans la Corrèze était la faible proportion d'engrais employée dans les cultures, et nous avons cité ce fait significatif que dans le département de la Seine, où les cultivateurs fument à saturation, le rendement est près de trois fois plus considérable que dans la Corrèze. Tout le monde reconnaît aujourd'hui que la production des engrais naturels est insuffisante. Quelques personnes réclament la diminution du prix de transport des engrais par les chemins de fer. Il faut reconnaître que les compagnies de chemins de fer ont considérablement abaissé leur tarif spécial. Le prix des transports par tonne et par kilomètre est de 8 c. jusqu'à 100 kilomètres, de 5 c. jusqu'à 300 kilomètres et de 4 c. au-delà de 300 kilomètres, ce qui est le cas de la Corrèze, en supposant que les engrais nous viennent du nord de la France.

D'autres personnes, comme M. le vicomte de Corn, demandent que l'engrais humain soit recueilli aux frais de l'Etat et vendu aux agriculteurs. Nous ne croyons pas qu'il faille recourir ici à l'intervention de l'Etat, à qui nous demandons trop de choses, mais nous reconnaissons qu'il y aurait quelque chose à faire à cet égard. Dans le département du Nord, foncièrement et industriellement si productif, l'engrais humain (c'est l'enquête régionale qui le constate) est soigneusement recueilli par les soins de compagnies privées, qui le convertissent en poudrette et le vendent aux agriculteurs. A Paris, il est recueilli en partie seulement ; et on a fait le calcul que, si la totalité des vidanges et des détritus fournis par l'agglomération pari-

sienne était utilisée, elle représenterait une valeur de quarante millions de francs. Même à ne considérer que les
populations urbaines (celles des villes qui ont plus de 2,000
habitants agglomérés), on arrive à ce résultat que les onze
millions d'individus qui les composent pourraient fournir
une masse d'engrais représentant plus de cent millions.
Il n'est pas hors de propos de rappeler ici que l'étranger
prélève sur nous une somme annuelle de trente millions de francs pour les engrais que nous lui emprun-
tons. La quantité seule de guano importée en France,
en 1869, d'après la statistique du ministère du commerce, s'élève à 95,045 tonnes représentant une somme de
29,700,000 francs. L'utilisation de l'engrais humain, en
améliorant nos cultures, nous affranchirait de ce lourd
tribut payé à l'étranger. Mais ici nous ne pouvons que
signaler les faits : c'est à l'initiative privée à faire le reste.

Les terrains incultes occupent dans le département de la
Corrèze 169,809 hectares, soit environ les trente centièmes
de la superficie imposable. Ces terrains incultes sont des
landes, des bruyères ou des marais. Dans l'espace de dix
ans, de 1852 à 1862, il a été défriché 622 hectares de landes
et 98 hectares de terrains marécageux. Nous voulons borner
nos observations à ce dernier point. Les marais occupent
près de 3,000 hectares dans la Corrèze ; c'est là une grande
cause d'insalubrité, et on peut établir par des chiffres quelle
perte la présence de ces terrains malsains occasionne chaque année à l'agriculture. Dans le canton de Treignac, les
marais occupent une superficie d'environ quarante hectares.
Les villages placés au voisinage de ces terrains marécageux
ont chaque année à compter avec l'endémie palustre. J'ai fait
faire dans les pharmacies de Treignac un relevé de la quantité
de sulfate de quinine employée comme médicament fébri-
fuge : la consommation annuelle s'élève à 3,992 grammes,
ce qui, au prix de 1 fr. 25 c. le gramme, fait ressortir la
dépense moyenne annuelle, pour cet article seul, à 5,090 fr. !
Si l'on ajoute à cela les honoraires des médecins, et surtout

la perte de travail, résultat du chômage forcé, occasionné par une maladie qui paralyse souvent pendant plusieurs mois les forces des malades, on arrive à un chiffre qui, en déboursés ou en travail perdu, n'est pas inférieur à 8,000 fr. par an pour ce canton seul, impôt bien lourd et qui pèse presque exclusivement sur la population agricole.

La loi établit que la cotisation des marais qui sont desséchés ne peut être augmentée pendant les vingt-cinq premières années, après le dessèchement. Malgré cette sage disposition, on voit par les chiffres que nous avons donnés plus haut, que le travail de dessèchement des marais marche bien lentement dans notre pays. Nous ne parlerons aussi que pour mémoire de la fameuse loi de 1856 qui a affecté une somme de cent millions pour les travaux de drainage. L'enquête agricole constate que, dans l'espace de dix ans, le nombre des prêts consentis ne s'élève pas à plus de 75 pour toute la France. Il est permis de se demander s'il ne conviendrait pas que le conseil général portât son attention sur cette question du dessèchement des marais, qui intéresse à un si haut degré les populations rurales, surtout dans les arrondissements de Tulle et d'Ussel, où se trouvent en plus grand nombre les surfaces marécageuses : peut-être obtiendrait-on de bons résultats, en encourageant l'initiative privée à l'aide de primes distribuées par les comices agricoles, ou bien encore en reportant sur les marais une partie des journées de prestation affectées à la vicinalité. Dans le canton de Treignac, la perte sèche occasionnée chaque année par la présence des marais est, comme nous l'avons dit, de huit mille francs ! En consacrant au travail de dessèchement le quart de cette somme en journées de prestations, on arriverait en moins de vingt ans à débarrasser la population rurale de cette cause d'infection, et on aurait rendu à la culture une superficie de quarante hectares.

§ 4. *Débouchés et viabilité.* — Tout a été dit sur cette question, et il nous reste bien peu de chose à ajouter

L'ouverture de quelques voies ferrées donnerait une plus-value considérable à notre production agricole. Dans une note remise à la commission d'enquête, M. Druliolle, maire de Saint-Mexant, faisait remarquer qu'un hectolitre de châtaignes se vend, à la ferme, 1 fr. 50 c., et à Paris, 15 à 18 francs ; un hectolitre de pommes se vend 2 francs sur place, et à Bordeaux, 10 à 12 francs. Nous avons vu des pommes de Sainte-Ferréole vendues sur le carreau des halles, à Paris, au prix de 45 francs les 100 kilos. On comprend tout l'avantage que notre département retirerait de l'achèvement de la ligne Clermont-Tulle, unanimement réclamée par les déposants. Mais les compagnies de chemins de fer paraissent peu disposées à remplir leurs engagements ; elles y mettent au moins le plus insigne mauvais vouloir. Grâce à la complicité ou à la faiblesse de l'administration, grâce surtout aux intrigues de quelques gros bonnets, maîtres des avenues du pouvoir (1), la féodalité financière triomphe à l'heure qu'il est, stérilise les vœux de l'agriculture et réduit à néant les projets de loi des agriculteurs de l'Assemblée nationale, qui se laissent piteusement éconduire, quand ils pourraient faire la loi et parler en maîtres. Mais prenons patience encore un peu ; le moment n'est pas éloigné, où la féodalité nouvelle sera ramenée au droit commun et à l'exécution des contrats.

L'achèvement de nos voies ferrées n'est qu'une question de temps ; la ligne Lyon-Bordeaux se complétera ; la loi sur les chemins de fer d'intérêt local, arrachée par la pression de soixante-deux conseils généraux aux répugnances

____

(1) Dans le tohu-bohu des élections du 8 février 1871, les compagnies de chemins de fer réussirent à faire passer quelques-uns de leurs candidats, contrairement à l'article 81 de la loi électorale de 1849, disposant que les directeurs et administrateurs de chemins de fer ne peuvent être élus représentants. L'un de ces élus, administrateur de deux lignes de chemins de fer, est actuellement vice-président de l'Assemblée ; un autre était récemment ministre du commerce et de l'agriculture. N'est-ce pas un scandale de voir des gens qui votent de la main droite des subventions qu'ils reçoivent de la main gauche ?

du pouvoir, enrayée par le privilége et le monopole, s'exécutera aussi le jour, qui n'est pas éloigné, où les contribuables, procédant à de nouvelles élections législatives, formuleront nettement leurs vœux et choisiront des hommes décidés à y donner satisfaction et à passer outre à la résistance intéressée des compagnies de chemins de fer. Mais pour nos autres voies de communication, nous ne pouvons en dire autant ; ici nous sommes condamnés à attendre indéfiniment, ce qui revient à dire que notre vicinalité ne s'achèvera pas. A ceux qui garderaient quelque illusion à cet égard, je conseille de lire les comptes-rendus du conseil général de la Corrèze : les rapports sur les travaux publics les édifieront à cet égard. Pour les chemins de grande communication, dit l'un des rapporteurs, nous sommes rejetés jusqu'en 1896 ; la voie des emprunts nous est fermée ; *la Préfecture a comblé le maximum des 14 centimes autorisés jusqu'en 1883.* « Pour les chemins vicinaux ordinaires, écrit un autre rapporteur, en supposant que l'entretien puisse être fait soit par des ressources nouvelles, soit par le reversement des sommes qui seront disponibles dans vingt-cinq ans, par suite de l'avancement des chemins de grande vicinalité, il faudrait *cent ans* au moins pour arriver à la fin, c'est-à-dire attendre jusqu'en 1967..... Il y a ainsi plus de vingt-cinq communes auxquelles il faudrait huit siècles pour terminer les chemins avec leurs ressources ; dans l'arrondissement d'Ussel, notamment, on trouve la commune de Sornac qui devra attendre quinze siècles, et la commune de Millevaches, qui ne terminera jamais. car je n'ose pas dire le chiffre auquel j'arrive. »

Ainsi notre vicinalité ne s'achèvera pas, ou ne s'achèvera que dans la suite des siècles ; et l'une des causes de ce retard, le rapport le constate, c'est la dépense occasionnée par la préfecture monumentale, cette bévue en pierres de taille, comme on l'a appelée, qui a détourné, immobilisé un capital considérable, avec lequel on eût pu achever la plupart de nos travaux de vicinalité. M. Léon Say, dans son compte de liquidation au conseil municipal de Paris, déplorant l'inaction forcée à laquelle les travaux fastueux exécutés par l'Empire dans la capitale condamnent l'administration de la ville de Paris, demandait qu'on inscrivît sur la façade de quelques-uns des boulevarts ouverts le chiffre de 1,756 millions, qui représente le montant de la dette municipale léguée par l'Empire aux Parisiens. Nous proposerions, nous, qu'on inscrivît sur la façade de la préfecture monumentale de Tulle le chiffre de centimes additionnels dont il a fallu gréver la propriété foncière dans la Corrèze, pour réaliser le vœu de ces tuteurs du département, qui, trouvant que l'ancienne préfecture *comprommettait l'amour-propre de la Corrèze*, décidèrent la création *d'un monument plus digne du représentant le plus élevé* du gouvernement de l'Empereur dans notre pays.

§ 5. *Charges de la propriété foncière, péréquation de l'impôt.* — Nous avons vu que des plaintes nombreuses se sont produites dans le cours de l'enquête sur l'inégale répartition de l'impôt foncier entre les départements ; l'un des déposants, M. de Chamaillard, propriétaire à Mansac, va même jusqu'à évaluer à plus de cent mille francs la somme que l'Etat prélève en trop sur notre département, par suite d'une répartition vicieuse de la contribution. Nous allons montrer que cette appréciation n'a rien d'exagéré. Mais quelques détails sont ici nécessaires dans cette question si difficile et si longtemps insoluble de la péréquation de l'impôt foncier.

Le plus grand administrateur que notre pays ait eu et l'un des créateurs de la science économique, Turgot, lorsqu'il était intendant de la Généralité de Limoges, dans laquelle se trouvait compris notre département, fit procéder à un arpentage régulier de toutes les terres ; et de la comparaison de ce cadastre, fort bien fait pour l'époque, avec les cadastres de quelques autres généralités, il tira la conséquence que le Limousin était surtaxé : il réclama et obtint du gouvernement un dégrèvement de 190,000 livres sur la taille, dont le montant était de 2,192,375 livres. Malheureusement, quand il nous quitta, l'impôt fut rétabli dans son chiffre primitif par la Ferme générale.

En 1790, l'Assemblée constituante supprima tous les anciens impôts de la taille, des vingtièmes, des dîmes, etc., qui pesaient sur la propriété foncière, les remplaça par un impôt unique et en fixa le contingent à la somme des anciens impôts que supportait la propriété immobilière, en y ajoutant ce qu'auraient dû payer les privilégiés, les nobles et le clergé ; elle décida en même temps que la répartition s'opérerait au marc la livre des anciennes impositions. Il résulta de là que, sous le nouveau régime inauguré en 1789, comme sous l'ancienne monarchie, la propriété foncière dans notre département se trouva surtaxée. Il y eut des protestations des députés représentant les départements montagneux et pauvres du centre de la France. L'Assemblée, pour faire cesser des inégalités qui ne pouvaient disparaître que par l'évaluation générale des revenus territoriaux, décida la création du cadastre. Ce n'est qu'en 1807 toutefois que ce grand travail put être entrepris. Mais, dès avant qu'il fût terminé, quelques résultats partiels connus permirent de rectifier les chiffres de la répartition de l'impôt foncier entre les départements. Le gouvernement de la Restauration, en combinant les données du cadastre avec le relevé qu'il avait fait faire des baux et actes de vente passés de 1812 à 1821, acquit la conviction que certains départements étaient imposés au sixième de leur revenu foncier, tandis que d'autres ne l'étaient qu'au dix-septième. Ainsi la Corrèze payait, en 1820, une contribution foncière de 956,970 francs, représentant le septième du revenu de la propriété immobilière, tandis que l'Ariège ne payait que le seizième, les Basses-Pyrénées le dix-septième, etc., etc. Fallait-il ramener tous les départements à une proportion uniforme, en augmentant la charge des uns et diminuant celle des autres ? C'eût été procéder par voie de péréquation, le gouvernement préféra agir par voie de dégrèvement. Cinquante-deux départements qui payaient plus du dixième du revenu foncier obtinrent une diminution d'impôts : pour le département de la Corrèze, le contingent fut réduit, en 1821, à 857,223 francs, ce qui représentait un dégrévement de 99,747 francs sur l'ancien contingent.

Ce chiffre de 857,223 francs a peu varié depuis : dans le budget de 1874, article contribution foncière, la Corrèze figure pour une somme de 874,145 francs. Est-ce là un chiffre qu'on puisse accepter comme représentant actuellement la quote part équitable de notre département dans les charges de la propriété foncière ? Nous ne le pensons pas. Dans la fixation des contingents départementaux, l'administration s'appuie uniquement sur les évaluations cadastrales. Le cadastre a été achevé pour toute la France (sauf la Corse) dès 1846 ; mais, eu égard aux variations continuelles de la propriété, il est aujourd'hui reconnu tellement imparfait, que l'Assemblée s'est préoccupée de le faire mettre à jour. D'autre part, le gouvernement, dans ces trente dernières années, a fait procéder à des recensements réguliers qui mettent en évidence l'inégale répartition de la contribution foncière, et donnent le moyen d'arriver à la péréquation si désirable et si unanimement réclamée de l'impôt foncier.

De 1842 à 1845, il fut procédé par les soins des administrations locales à une statistique générale des productions agricoles dans toute la France. Mais ce travail est grandement défectueux ; il contient des omissions nombreuses ; il pêche surtout par une atténuation évidente des chiffres ; les maires, s'imaginant que ce travail devait servir à établir de nouveaux impôts, se refusaient à communiquer les renseignements demandés, ou en envoyaient d'imaginaires. On peut dire que la statistique agricole de 1842 est une œuvre avortée.

Le gouvernement impérial, comprenant, comme celui de 1830, l'utilité, la nécessité même des enquêtes agricoles, mais averti par l'expérience, renonça à l'intervention des municipalités, trop intéressées ou trop défavorablement prévenues, et organisa des commissions cantonales de statistique, composées, dans chaque canton, du juge de paix, du contrôleur, du percepteur, enfin des personnes notables possédant la pratique de l'agriculture et la connaissance des localités. Le résultat de la première enquête, celle de 1852 à 1855, est loin d'être irréprochable, mais il constitue un grand progrès sur ce qu'on avait fait auparavant. Une seconde enquête eut lieu de 1862 à 1865 par les soins des commissions cantonales, d'après un programme arrêté par le ministère de l'agriculture. Le résultat de cette enquête, qui a été publié récemment, est des plus remarquables ; c'est un exposé méthodique et, on peut le dire, rigoureux de la production agricole française dans les dernières années de l'Empire; et ce qui ajoute à la valeur de ce document, c'est qu'il porte en lui ses moyens de contrôle, et que les évaluations des commissions sur le rendement y sont sans cesse accompagnées des données du cadastre sur les contenances. Prenons donc ce document et voyons ce qu'il nous apprend sur la production agricole de la Corrèze, indice manifeste du revenu qui sert de base à la fixation de l'impôt. Nous avons dit plus haut que les chiffres recueillis par les commissions cantonales se réfèrent à l'année 1862, qui peut être regardée comme une bonne année moyenne; les prix correspondants peuvent donc passer aussi pour normaux ; c'est ainsi que le prix de l'hectolitre de froment est évalué à 22 fr. 26 c. ; l'hectolitre de seigle, à 14 fr. 61 c. ; l'hectolitre de pommes de terre, à 2 fr. 36 c. ; l'hectolitre de châtaignes, à 2 fr. 86 c.; l'hectolitre de vin, à 23 fr. 93 c. Il est d'ailleurs bien entendu que les chiffres que nous allons donner ne représentent pas un revenu net, mais le revenu brut, dans lequel on a fait entrer la valeur des pailles, celle des engrais, celle des pacages et bois, etc.

TABLEAU COMPARÉ DE LA PRODUCTION AGRICOLE ET DE
L'IMPÔT FONCIER.

	Valeur du produit agricole.	Principa' de l'impôt foncier.	Rapport du revenu à l'impôt.
Corrèze........	58,000,000 fr.	874,145 fr.	15,0 p. 1,000
Pas-de-Calais..	230,000,000	2,421,184	10,4
Maine-et-Loire.	210,000,000	2,717,234	12,8
Corse.........	44,000,000	187,662	4,2

A nous en tenir à ces quatre départements, on voit tout
de suite, à l'inspection des chiffres de la dernière colonne,
que la Corrèze paie un tiers en plus que le département du
Pas-de-Calais et presque quatre fois autant que la Corse !
Ces chiffres montrent combien étaient fondées les plaintes
de ceux de nos déposants qui protestaient contre la situation
faite à la production agricole de notre département dans la
fixation de l'impôt foncier.

Je n'ajouterai que quelques mots relativement aux charges fiscales qui pèsent sur l'agriculture. Les chiffres de la
seconde colonne ci-dessus représentent le montant du
principal de la contribution foncière. Mais ce n'est qu'une
faible partie du contingent fourni par la propriété foncière;
à ces données il faudrait joindre le montant des centimes
additionnels, celui des prestations en nature, d'enregistrement pour baux et transmission de propriété, le montant des
ventes judiciaires, etc. Je n'en ai pas le détail pour le département de la Corrèze ; mais pour la France entière on
peut établir comme il suit les droits prélevés chaque année
par le fisc sur la propriété foncière :

Contribution foncière en principal et centimes additionnels.........	312,000,000 fr.
Ventes judiciaiaires...............	12,000,000
Droits d'enregistrement...........	227,000,000
Prestations......................	50,000,000
Portes et fenêtres................	55,000,000
Total..........	656,000,000 fr.

Nous ne comprenons ici que les charges réellement fiscales : que serait-ce si on y ajoutait les charges accessoires,
telles que frais d'actes ou honoraires des notaires et avoués,
assurances contre les incendies, grêle et épizooties, etc.,
etc., qui constituent autant d'impôts indirects prélevés sur
l'agriculture ?

§ 7. *Main-d'œuvre et salaires.* — Partout les plaintes sont
unanimes sur l'augmentation du prix de main-d'œuvre,
augmentation telle que, dans certains pays, le salaire des
ouvriers agricoles a varié du simple au double ou au triple.
Un valet de ferme qu'on louait, il y a trente ans, au prix
de 80 à 100 francs l'année, se loue aujourd'hui de 240 à
300 francs. La principale cause qui se trouve dénoncée
dans l'enquête, c'est l'émigration des ouvriers des campagnes vers les villes, émigration déterminée d'abord par
les travaux de chemins de fer, mais surtout par les travaux
d'embellissements dans les grands centres : on a calculé
que, par le fait de ce déplacement, la population de Paris
s'est accrue en vingt ans de six cent mille habitants, et le
département de la Corrèze a contribué à cet accroissement
pour une proportion d'environ huit mille personnes.

Mais à côté de cette cause, il en est d'autres moins en
vue, plus particulières à notre département, et qui méritent
toute notre attention : c'est d'abord, comme l'a fait remarquer M. Duchamp dans sa déposition, l'état de division
excessive de la propriété de la Corrèze, circonstance qui a
pour effet de réduire considérablement l'offre du travail
salarié, ensuite c'est le décroissement lent mais continu de
la population rurale dans notre pays, décroissement dû à
la diminution progressive du nombre des enfants dans les
familles et à la mortalité considérable des enfants dans les
campagnes ; on nous permettra de nous arrêter quelques
instants sur ces deux causes actives de dépopulation.

C'est un fait reconnu par tout le monde que les grandes
familles de huit, dix, douze, jusqu'à quinze enfants, qui
n'étaient pas rares autrefois en Limousin, ont disparu ou

tendent à disparaître chaque jour ; conformément à la doc-
trine malthusienne, on se limite aujourd'hui à deux ou
trois enfants. Qu'on remarque bien d'ailleurs que notre
observation ne s'applique pas uniquement aux populations
urbaines, qu'elle s'étend également aux populations rurales,
où le paysan en devenant propriétaire est devenu un mal-
thusien aussi consommé que le citadin. Veut-on se faire
une idée du dommage ainsi causé à notre population ?
Voici quelques chiffres qui en disent plus long que toutes
les considérations des économistes. En 1765, lorsque Turgot fit faire le dénombrement de la Généralité de Limoges,
les 337 paroisses, correspondant aux 287 communes ac-
tuelles de notre département, comprenaient 38,330 feux ou
familles. Ces 38,330 familles donnaient un chiffre annuel
de 7,800 naissances légitimes. D'après le recensement de
1872, il y a dans la Corrèze 66,279 ménages ou familles.
Ces 66,279 familles ne fournissent annuellement que
9,073 naissances légitimes, c'est à dire que la natalité légi-
time, qui était de 20 p. 100 au siècle dernier dans le Limousin, est descendue à 13 p. 100. Par contre, le nombre
des naissances hors mariage, qui était autrefois insignifiant
s'est considérablement accru et s'élève aujourd'hui à 410
par an ; mais c'est là, on en conviendra, une triste compensation.

Cette réduction considérable dans le chiffre des naissances doit nécessairement se traduire par une diminution
de la population ; et, en effet, la comparaison des recensements opérés dans notre département montre que nous
sommes en voie de décroissance :

1836	302,433 habitants.
1841	306,480
1846	317,569
1851	320,864
1856	314,982
1861	310,118

1866   310,843
1872   302,746

A ne remonter qu'en 1836, on voit que, depuis cette époque jusqu'en 1851, la population de notre département s'est accrue à chaque recensement ; mais elle a progressivement diminué depuis 1851, et nous sommes ramenés actuellement au chiffre de 1836. Si la loi d'accroissement des premiers recensements s'était maintenue, notre département compterait aujourd'hui une population de 346,000 habitants. On voit combien la perte est considérable. Je sais bien que l'émigration y contribue dans une certaine proportion ; mais la réduction des naissances y joue le principal rôle, et après ce que nous avons dit de l'accession d'un plus grand nombre d'individus à la propriété et du rapport étroit qui existe entre le degré d'aisance des familles et le nombre des naissances, il est à craindre que les recensements ultérieurs ne constatent des résultats plus tristes encore.

Enfin, il est une seconde cause de diminution de la population dont je dois dire ici quelques mots, parce qu'elle pèse surtout sur la population rurale : c'est la mortalité considérable des nouveaux-nés. On sait que la France est un des pays de l'Europe qui ont le moins de naissances et qui en même temps perdent le plus d'enfants. Au point de vue de la mortalité infantile, la Corrèze occupe le quarante-cinquième rang parmi les départements français. Nous perdons annuellement 196 enfants sur 1,000 dans la première année de la vie ; sur 4,600 garçons qui naissent tous les ans, il n'y en a que 2,800, un peu plus de la moitié, qui atteignent l'âge de la conscription. C'est là un résultat bien fait pour surprendre, si l'on songe que l'allaitement artificiel, cause principale de la mortalité des enfants en nourrice, n'est qu'une très rare exception dans la Corrèze, que les mères, surtout dans les campagnes, remplissent généralement le devoir que la nature leur impose.

Je crois qu'il faut chercher la cause de cette grande mortalité des enfants en bas-âge dans l'habitude depuis longtemps établie de porter les nouveaux-nés à la mairie pour l'accomplissement des formalités de l'état-civil et de la cérémonie du baptême. Ce n'est pas impunément qu'on transporte, quelquefois à la distance de plusieurs kilomètres, un enfant exposé à toutes les intempéries de l'air. Dans nos campagnes, les distances à parcourir sont toujours considérables, et les chances de maladie et de mort augmentent pour le nouveau-né avec la distance ; de là cette grande mortalité observée dans le premier mois de la vie. L'article 55 du code civil dispose que l'enfant doit être déclaré dans les trois jours qui suivent la naissance, et présenté à l'officier de l'état-civil ; mais la loi n'exige pas nécessairement que l'enfant soit transporté à la mairie. A Paris et dans les communes rurales de la Seine, l'officier de l'état-civil délègue une personne spéciale chargée de constater la naissance ; à Limoges, la constatation de la naissance est faite par un médecin vérificateur ; et il est digne de remarque que la mortalité infantile a considérablement diminué, du jour où l'on a dispensé les familles de transporter les enfants aux mairies ; à Limoges, le nombre des décès des enfants en bas-âge, qui était de 256 par an, avant l'organisation du service, est tombé depuis à 194. Il y a évidemment quelque chose à faire dans ce sens pour notre département, afin de diminuer la grande mortalité des enfants dans les campagnes (1). Il y a dans le Conseil général de la Corrèze plusieurs médecins fort compétents ; c'est à eux qu'il appartient de provoquer l'initiative de l'Administration sur cette question si intéressante.

§ 8. *Assistance médicale.* — Les considérations qui pré-

---

(1) En Suède, où le clergé, comme celui de France avant 89, a la tenue des registres de l'état-civil, les pasteurs sont astreints à constater les naissances à domicile dans les campagnes. Ce pays, bien plus froid que le nôtre, perd seulement 112 enfants sur 1,000, tandis que la Corrèze en perd 196.

cèdent nous amènent naturellement à dire quelques mots
de l'assistance médicale dans les campagnes. Nous avons
vu par le compte-rendu de l'enquête que plusieurs déposants réclamaient l'organisation de l'assistance pour la population agricole indigente dans notre département, mais
la question peut être envisagée à deux points de vue diffé-
rents. Quelques personnes voudraient que le nombre des
établissements hospitaliers fût augmenté, qu'il en fût établi
un par canton et que les malades indigents de la campagne
fussent admis et traités gratuitement dans ces hospices
cantonaux. D'autres, et c'est le plus grand nombre, demandent l'organisation d'un service spécial, à l'aide de
médecins chargés de visiter les malades à domicile et de
leur distribuer gratuitement les médicaments nécessaires.
Nous n'avons pas l'intention d'exposer ici les avantages ou
les inconvénients de chacun de ces modes d'assistance ;
nous devons dire cependant que les données de la statistique médicale, d'accord en cela avec les déductions huma-
nitaires de l'économie sociale, conduisent à cette conclusion, qu'il y a avantage, au point de vue de l'hygiène et
de la moralité publiques, à remplacer l'assistance hospita-
lière par celle qui s'exerce au foyer domestique, sous les
yeux et avec le concours de la famille. A Paris, où les deux
modes d'assistance fonctionnent concurremment, les relevés
officiels de l'administration nous apprennent que la mortalité est de 8 à 9 pour 100 malades traités à domicile, tandis
qu'elle s'élève à 13 et 14 pour 100 dans les hôpitaux. Ajoutons, et cela ne gâte rien, que l'assistance à domicile
s'exerce à moins de frais que celle des hôpitaux ; le prix
moyen de la journée de malade traité à domicile (honoraires, nourriture et médicaments) est de 1 fr. 19 c., tandis
que dans les hôpitaux elle s'élève à 2 fr. 25 c.

L'expérience dépose en faveur de l'assistance à domicile ;
il nous reste à examiner comment ce service peut être organisé. Les partisans de la centralisation à outrance, ceux
qui veulent que l'Etat se charge de toutes nos affaires, ré-

clament hautement l'intervention du pouvoir central et lui
demandent de décréter l'assistance dans les campagnes,
dût-on ajouter vingt mille fonctionnaires aux deux millions qui existent déjà et grever le budget de quelques
millions de plus. C'est le rêve que l'Empire caressait et
qu'il était sur le point de réaliser, quand survinrent les
événements de 1870 ; non pas qu'il se préoccupât beaucoup
du sort de la population indigente dans les campagnes,
mais il entrevoyait la possibilité d'embrigader le corps mé-
dical et d'en finir avec l'indépendance de ses membres.

Ce système compte encore aujourd'hui des partisans, ce
sont toujours les anciens centralisateurs de l'Empire, et
nous les avons vu récemment émettre leur théorie à la
tribune de l'Assemblée nationale. Quant à nous, nous re-
poussons l'intervention de l'Etat en pareille matière, et
nous croyons que c'est au département et au canton qu'il
appartient d'organiser le service de l'assistance médicale
dans les campagnes. Il serait à désirer que, dans chaque
agglomération cantonale, les communes se concertassent
pour l'organisation de ce service, en choisissant elles-
mêmes un ou plusieurs médecins chargés de visiter les
malades, et ouvrant dans leurs budgets un crédit spécial
pour assurer la gratuité de l'assistance. Malheureusement,
nous sommes encore régis par cette législation de l'Empire
qui avait pris à tâche de supprimer toute vie, toute initiative municipale ; on sait qu'aux termes de la loi de 1855,
il est interdit aux conseils municipaux, appartiendraient-
ils à un même canton, de se concerter, même pour déli-
bérer sur des questions administratives d'intérêt commun.
Dans l'état actuel des choses et jusqu'à ce que la législation
malfaisante de l'Empire soit abrogée, c'est au département,
c'est au conseil général que revient l'initiative des mesures
à prendre pour l'organisation de l'assistance. Nous devons
reconnaître que d'excellentes dispositions ont été prises à
ce sujet par quelques conseils généraux. A l'heure qu'il est,
on compte cinquante-deux départements dans lesquels le

service de l'assistance rurale est organisé et fonctionne
régulièrement. Dans le département du Loiret, un des plus
anciennement pourvus, le bureau de bienfaisance de chaque
commune ou, s'il n'en existe pas, une commission composée
du maire, de l'adjoint et du curé, dressent, en présence du
médecin délégué, la liste des indigents qui sont appelés
chaque année à jouir du bienfait de la médecine gratuite.

Le médecin cantonal traite à domicile les indigents
portés sur cette liste. Il visite et soigne également les enfants trouvés, abandonnés ou orphelins, et les vieillards
infirmes. Outre les soins que peuvent venir réclamer auprès
d'eux les malades indigents de leur circonscription, les
médecins cantonaux donnent, au moins une fois par se-
maine, des consultations gratuites.

Les médecins cantonaux sont indemnisés de leurs frais
de déplacement; chacun d'eux reçoit annuellement une
allocation proportionnée, tant à l'étendue de la circonscription qu'au nombre des indigents, enfants et vieillards qu'il
est chargé de visiter. Les médicaments sont fournis par
un pharmacien domicilié dans la circonscription, ou par le
médecin, s'il n'existe pas d'officine à une distance de
quatre kilomètres du domicile du malade.

Toutes les communes sont pourvues d'un mobilier mé-
dical, se composant de linge, baignoires, pièces de panse-
ment et autres objets de première nécessité. Ce mobilier
est mis en dépôt soit au presbytère, soit à la maison d'école,
soit dans les établissements de Sœurs, et il est prêté sur
l'autorisation du médecin.

Voici maintenant quelques détails statistiques sur l'assistance dans un autre département, celui de l'Hérault; ils
se rapportent à l'année 1872. Ce département comprend 36
cantons et 336 communes. Pour le service de la médecine rurale, le département est partagé en 110 circonscriptions mé-
dicales, desservies chacunes par un médecin, et comprenant
de deux à cinq communes. 112 médecins ont donné leurs
soins gratuits aux malades indigents de la campagne, dans

312 communes ayant 12,851 personnes inscrites sur les listes de gratuité. 4,389 malades ont été traités à domicile et ont nécessité 16,419 visites à domicile. Il a été donné en outre dans le cabinet des médecins cantonaux 4,199 consultations. Des médicaments, de la viande, des bandages, ont été fournis gratuitement aux 4,131 malades. Le montant total des dépenses s'est élevé à 21,554 fr. 65 c., y compris 800 francs alloués tous les ans pour la propagation de la vaccine.

Pour le département de la Corrèze, l'organisation de la médecine gratuite dans les campagnes présenterait une difficulté sérieuse, résultant de la grande étendue superficielle de certains cantons, notamment dans les deux arrondissements de Tulle et d'Ussel, et de la pénurie de médecins. Le recensement de 1872 porte à 104 le nombre des hommes de l'art (docteurs ou officiers de santé) exerçant dans notre département ; il est tel canton de l'arrondissement d'Ussel qui en est absolument dépourvu. C'est là, nous le répétons, un obstacle sérieux à l'organisation du service de la médecine gratuite ; mais, enfin, ce n'est qu'un obstacle local, limité à un très petit nombre de cantons.

§ 9. *Capitaux et moyens de crédit.* — Partout les plaintes sont unanimes sur l'insuffisance des capitaux consacrés aux opérations agricoles. Partout également on signale, et non sans raison, comme cause de cette pénurie de capitaux, le développement exagéré des valeurs mobilières, l'exiguité de l'impôt qui les frappe, parfois même, comme pour les fonds d'Etat, l'exonération complète de toute charge fiscale, les avantages de revenus qu'offrent ces valeurs, avantages qui les font préférer aux placements fonciers.

Mais on n'a pas tout dit sur ce sujet ; il eût fallu insister et l'examiner dans tous ses détails ; il eût fallu signaler cette pullulation de sociétés industrielles, fondées par les hommes de marque du Deux-Décembre, avec le concours plus ou moins avoué du chef de l'Etat. et qui ont tant contribué à déprécier la propriété foncière et à raréfier le numéraire ; il eût fallu dénoncer aussi cette série interminable d'emprunts nationaux aussi désastreux au point de vue économique qu'au point de vue politique, et ces emprunts étrangers à primes et à lots, qui venaient s'ouvrir sur notre marché avec le concours et sous le patronage des ministres et des hauts fonctionnaires de l'Empire. Ces emprunts étrangers, suivant un calcul de M. de Lavergne. ont soutiré au pays une somme de six milliards qui est allée se perdre sans profit à l'étranger : l'enquête constate que dans un seul département douze millions ont été placés, autant dire dissipés, en valeurs espagnoles. En détournant le capital du placement foncier jusque là si recherché, ces opérations financières ont été la cause principale du malaise qui pèse sur l'agriculture.

Les déposants, dans la Corrèze, sont unanimes à reconnaître que les établissements de crédit fondés en vue de venir en aide à la propriété foncière, le Crédit foncier, le Crédit agricole, le Crédit rural, etc., ont manqué aux promesses de leur titre, et comme conclusion, ils réclament l'organisation d'institutions de crédit répondant mieux aux besoins de notre pays et prêtant à l'agriculture à un taux inférieur au taux légal.

Il faut reconnaître que les reproches adressés par les déposants aux établissements de crédit agricole créés par l'Empire n'ont rien d'exagéré, et que les services que l'agriculture en a reçus méritent à peine d'entrer en ligne de compte. C'est que, dès sa fondation, le Crédit foncier a été accaparé, occupé de vive force par les Soubeyran, les Péreire, les Baroche, les Darblay, etc., et qu'aux mains de la féodalité financière, les meilleures choses tournent en pourriture. Ce Crédit foncier, qui devait révolutionner l'agriculture et semer l'or dans les campagnes, est devenu une maison de banque ouverte à toutes les combinaisons financières, mais à peu près fermée à l'agriculture ; il escompte les travaux de luxe des villes, des communes et des départements, les constructions de préfectures, sous-préfectures et églises monumentales, les squares ou jardins publics ; il prête des capitaux au Grand-Turc, aux chemins de fer étrangers, tripote avec la rente italienne, etc., etc., fait tout, en un mot, excepté *ce qui concerne son état.* De 1852 à 1874, en vingt-deux ans, le chiffre de ses opérations financières a dépassé 80 milliards, sur lesquels l'agriculture figure seulement pour une somme de 142 millions prêtés !

Quelque difficiles que soient les formalités du prêt hypothécaire, surtout dans notre département où la dotalité vient ajouter son obstacle légal à tous les autres, encore est-il que le prêt est souvent réalisable pour les propriétaires ; il ne l'est jamais pour le fermier ou l'agriculteur. Le Crédit foncier ne connaît pas l'hypothèque du travail. Du reste, il faut dire ici que la porte de l'emprunt leur est fermée non-seulement par les statuts du Crédit foncier, mais même par la loi. Le cultivateur qui a entre les mains un matériel agricole considérable, ne peut affecter la valeur parfois considérable qu'il représente à la garantie de ses engagements. L'article 2076 du code civil porte que le privilége ne subsiste qu'autant que le gage reste en la possession du créancier ou d'un tiers convenu entre les parties. L'exécution de cette condition, qui est impossible avec des instruments aratoires ou des bestiaux, deviendrait praticable avec des produits récoltés, et c'est en effet ce que plusieurs déposants ont demandé dans l'enquête : c'est une question qui mériterait d'être étudiée.

Quant aux déposants qui réclament l'organisation d'un établissement de crédit agricole, prêtant au taux de 3 pour 100, ceux-là se font une idée peu exacte des pouvoirs de l'Etat et des lois économiques qui régissent le crédit public. L'Etat se trouve lié par ses engagements avec le Crédit foncier ; il lui a concédé un monopole de quatre-vingt-dix-neuf ans, c'est-à-dire que jusqu'en 1951, il est interdit aux particuliers comme à la collectivité de fonder aucune institution de ce genre. Mais, quand bien même il ne serait pas lié par les contrats, son impuissance ne serait pas moindre à établir un taux uniforme et invariable de l'intérêt.

Il y a plus d'un siècle que Turgot, cédant aux sollicitations des propriétaires et des cultivateurs limousins, songea à édicter quelques mesures pour réprimer l'usure, alors comme aujourd'hui la plaie de nos campagnes. Mais cet esprit judicieux ne tarda pas à s'apercevoir qu'il faisait fausse route, et plus tard, dans quelques lettres qu'il écrivit à ce sujet, il n'hésita pas à se prononcer pour la liberté absolue du prêt, déclarant tyrannique et illusoire d'ailleurs toute mesure qui aurait pour but de limiter le taux de l'argent ; il ajoutait avec raison que les risques courus par le prêteur doivent seuls servir à régler ce taux, qui tantôt s'élève, tantôt s'abaisse suivant les circonstances, mais que la concurrence des capitaux tend toujours à le ramener dans des limites raisonnables. On pourait craindre, à première vue, que cette liberté absolue du prêt ne favorisât l'usure ; il n'en est rien cependant. Dans les pays, comme l'Angleterre, les Etats-Unis, la Hollande, où il n'existe pas de taux légal, le taux réel oscille presque toujours entre 2 et 4 pour 100, et s'élève rarement au-dessus, tant il est vrai qu'ici, comme pour la circulation des grains, la liberté des transactions est le modérateur le plus puissant des prix et la meilleure condition du bon marché.

Ce n'est pas seulement dans la Corrèze que l'on a réclamé l'organisation de banques agricoles prêtant à un taux réduit ; nous trouvons la même demande dans plusieurs autres départements. Le rapport du commissaire général de l'enquête enregistre ces réclamations et constate ce qu'elles ont de chimérique ; il adresse aux cultivateurs quelques objurgations paternelles et leur reproche de se placer bien souvent par leur faute dans la nécessité d'emprunter. « Nous trouvons chez le petit propriétaire le désir excessif d'accroître sa propriété, désir qui l'entraîne à consacrer ses épargnes, parfois même à emprunter pour acquérir le champ du voisin, au lieu de faire fructifier ses économies par l'amélioration de la terre qu'il a déjà ; chez le fermier, et pour une raison analogue, c'est l'ambition d'exploiter une ferme dont l'étendue flatte son amour-propre, mais dépasse ses forces. »

§ 10. *Législation et Code rural.* — Nous allons résumer ici succintement les principaux vœux de l'agriculture, sur les modifications à introduire dans la législation. En première ligne est le Code rural, dont la promulgation est unanimement réclamée non-seulement dans la Corrèze, mais dans toute la France. A en juger par cette unanimité, et par l'insistance avec laquelle les réclamations se sont produites au moment de l'enquête et depuis sa clôture, on pourrait croire que ce code est destiné à inaugurer une ère nouvelle pour l'agriculture et à terminer toutes contestations et tous procès en matière agricole. Peut-être se fait-on quelques illusions à cet égard. Nous aurons un code de plus, et non pas le moins compliqué, ajouté à tous ceux que nous possédons déjà ; et il est à craindre, qu'après comme avant la promulgation du Code rural, le rôle des justices de paix ne soit toujours fort chargé d'affaires exclusivement agricoles.

Il faut ajouter d'ailleurs que l'administration montre peu d'empressement à répondre au vœu de l'opinion publique. A la suite de l'enquête, le Conseil d'Etat fut invité à élaborer un projet de Code rural. Vers la fin de l'Empire, le travail était déjà très avancé ; le régime du sol, le régime des eaux, les bornages, les clôtures, les mitoyennetés, le parcours, la vaine pâture, les chemins ruraux, les baux à ferme, le colonage partiaire, l'emphytéose, les domestiques et ouvriers agricoles formaient l'objet de deux livres prêts pour l'impression. Le troisième livre sur la police rurale était en préparation, quand survinrent les événements de 1870. On ne s'en est plus occupé depuis ; et nous croyons savoir que le Code rural est une œuvre sinon abandonnée, du moins indéfiniment ajournée.

Nous avons vu par les dépositions des agriculteurs et des propriétaires de notre département, et nous pouvons ajouter qu'il en est de même pour le reste de la France, que des critiques très vives ont été dirigées contre la loi qui règle les successions, et qui fait de l'identité des lots, dans les successions, une clause de rigueur. C'est là, comme on l'a fait remarquer, une cause fréquente de procès dans les familles. On sait, en effet, ce qui se passe dans notre département, où le père de famille procède souvent de son vivant au partage de ses biens, par voie de présuccession. Il choisit généralement un de ses enfants et lui attribue son domaine entier. Le fils se marie et reçoit une dot, avec laquelle il paie à ses frères et sœurs la part qui leur revient. Cette habitude est en désaccord avec la loi ; de là des procès nombreux. L'enquête établit que cette façon de procéder existe dans les deux tiers de la France et occasionne partout les mêmes effets. Dans l'arrondissement de Villeneuve-sur-Lot, ainsi qu'il résulte d'une statistique produite par le parquet du tribunal, il y a eu vingt-deux procès de ce chef dans les deux années 1864 et 1865. Le moyen le plus pratique pour obvier à cet inconvénient grave, serait de décider que l'article 832 du Code civil n'est pas applicable aux partages d'ascendants.

Dans les départements de la Nièvre, de l'Allier et du Puy-de-Dôme, les déposants ont presque partout réclamé pour le père de famille la liberté complète de tester. Dans un plus grand nombre de départements, les déposants, sans exprimer des idées aussi absolues, ont réclamé l'augmentation de la quotité disponible. Toutefois nous devons ajouter que la grande majorité dans l'ensemble des départements s'est prononcée en faveur de l'égalité des partages, mais toutefois en réclamant des dispositions législatives propres à prévenir l'éparpillement des terres, soit par des compensations en immeubles ou en argent, soit au besoin par la vente obligatoire de l'immeuble.

Le rapport du commissaire général de l'enquête, M.

Monny de Mornay, qui a étendu ses recherches à l'étranger, nous donne au sujet du projet de partage des détails intéressants. En Angleterre, où la petite propriété n'existe pas, le père lègue ses biens à son fils aîné ; aucune disposition légale ne l'empêche d'en disposer comme bon lui semble ; son droit est entier et absolu. En Suisse, où la propriété est très divisée, comme en France, le père de famille a le droit de disposer de son bien ; il le lègue d'habitude à l'aîné, sauf, pour ce dernier, à indemniser ses collatéraux. Le canton de Vaud est le seul où la loi française soit appliquée. Un médecin suisse qui nous entretenait de ce sujet n'hésitait pas à reconnaître que c'est à ce droit du père que la Suisse doit en partie d'avoir conservé intact l'esprit de famille. Aux Etats-Unis, où le nombre des propriétaires est extrêmement considérable, la faculté de transmettre ses biens sans restriction est laissée au testateur ; il peut en disposer à son gré ; toutefois, un tiers des revenus des immeubles du mari est attribué par la loi à la veuve du testateur.

Nous avons vu que des plaintes se sont élevées dans notre département contre la loi sur les échanges de terres contiguës. Ces plaintes se reproduisent dans toutes les enquêtes régionales, et partout on réclame le retour à la loi du 16 juin 1824. Cette loi soumettait à un simple droit fixe d'un franc les échanges d'immeubles ruraux, lorsqu'un des immeubles échangés était contigu aux propriétés de celui des échangeants qui le recevait. Le droit proportionnel ne devait plus peser que sur les excédants ou soultes. En 1834 le droit proportionnel remplaça le droit fixe.

Nous ne rappellerons ici que pour mémoire les réclamations des déposants sur la distraction du passif dans l'établissement des droits de succession : tout a été dit sur cette question qui attend encore une solution. Nous dirons quelques mots des ventes judiciaires : Nous avons vu qu'un des déposants de la Corrèze avait demandé que les frais exorbitants de ces ventes fussent diminués : le même vœu se retrouve dans une foule d'autres dépositions faites en divers points de la France. Quelques chiffres, que nous trouvons dans la statistique judiciaire, vont nous montrer combien une réforme dans ce sens est à désirer pour la petite propriété.

Pendant l'année 1870, la dernière pour laquelle nous ayons des renseignements, il a été fait 1,014 ventes d'immeubles d'une valeur moindre de 500 francs. Le montant des ventes s'est élevé à 293,000 francs, et celui des frais à 329,340 francs ! Dans la même année, il a été vendu 1,473 immeubles d'une valeur de 501 à 1,000 francs ; le montant des ventes est de 1,117,357 francs, et celui des frais de justice de 489,661 francs, soit 44 %, presque la moitié du prix de la valeur des immeubles vendus ; pour les immeubles de 1,001 à 2,000 francs, le montant des frais est de 25 %, soit le quart de la valeur des immeubles.

Si nous nous en tenons aux immeubles d'une valeur égale ou inférieure à 500 francs, nous voyons que les frais de justice ont absorbé et au delà le produit des ventes. Qu'on veuille bien remarquer que ce n'est pas là un fait accidentel, une sorte d'exception. Ce qui est arrivé en 1870 se reproduit chaque année régulièrement. Aussi haut que l'on remonte à l'aide des statistiques judiciaires, on arrive à constater qu'il n'y a pas d'exemple d'une vente judiciaire, de la catégorie que nous avons en vue, où le produit de l'immeuble vendu n'ait été absorbé par les frais de justice ; et le nombre de ces ventes s'élève annuellement au delà de mille. Ainsi, voilà douze à quinze cents familles qui, par le fait de cette loi, sont chaque année dépouillées de leur avoir. Nous nous demandons quelles réflexions, quels sentiments doit inspirer aux malheureux qui en sont victimes cette spoliation exercée avec les formes de la loi et sous l'égide de la justice. On a proposé de diminuer ces frais de ventes judiciaires ; ce ne serait pas assez ; il faut qu'ils soient supprimés ; il faut que les ventes d'immeubles d'une valeur inférieure à 500 francs, et même à 1,000 francs, soient effectuées gratuitement, quitte à élever le taux des frais pour les ventes d'une valeur supérieure à 10,000 fr. La statistique établit que, pour ces derniers, les frais de vente montent à 1,8 % et qu'il suffirait d'élever le taux à 1,9 % pour compenser le déficit produit par la gratuité en faveur des immeubles d'une valeur de 1,000 francs. Mais que parlons-nous de réformer la loi ? Ne sommes-nous pas le pays où, par l'imbécillité des classes dirigeantes, on fait vingt révolutions plutôt que de faire une réforme.

Un seul vœu a été émis au cours de l'enquête sur l'organisation des assurances mutuelles agricoles. Nous croyons devoir nous arrêter quelques instants sur cette question qui emprunte un intérêt exceptionnel à ces deux faits, que d'une part, comme l'a fait observer M. le docteur Longy, le nombre insuffisant de vétérinaires dans la Corrèze, et d'autre part l'usage presque général du chaume pour les couvertures des bâtiments ruraux, rendent les épizooties plus meurtrières, et les incendies plus fréquents et plus désastreux.

En énumérant plus haut les charges de la propriété foncière, j'ai dit que les compagnies d'assurance prélevaient sur elle, sous forme de primes, un impôt s'élevant à trente-cinq millions de francs chaque année. Des renseignements que j'ai pu recueillir depuis sur les opérations des compagnies établissent que l'impôt de l'assurance est encore plus lourd que je ne l'avais indiqué.

Il y a en France dix-sept compagnies qui font l'assurance à prime fixe contre l'incendie ; le total des valeurs assurées par seize de ces compagnies (nous manquons de détails pour la dix-septième) s'élève à 59,273,139,997 francs. Les primes perçues sur la propriété immobilière par ces compagnies s'élèvent à 54,039,229 francs ; le montant des sinistres est, année moyenne, de 25,996,668 francs : différence ou bénéfice en faveur des compagnies, 28,032,561 fr.

Ce n'est pas tout. Il y a encore les compagnies d'assurance mutuelle ou à prime variable; quelques-unes sont purement immobilières ; d'autres assurent à la fois la propriété immobilière et la propriété mobilière. Nos renseignements laissent à désirer pour ces compagnies à prime variable, qui ne communiquent que très-difficilement leurs comptes-rendus. Pour quinze sociétés mutuelles immobilières, le montant des immeubles assurés est de 5,971,993,694 francs ; les pertes constatées s'élèvent à 916,525 francs. Nous ignorons quel est le montant des primes payées par la propriété à ces compagnies ; mais nous allons voir tout à l'heure qu'il est relativement peu important.

Quant aux compagnies mutuelles assurant à la fois les meubles et les immeubles, le chiffre de leurs opérations en valeurs assurées s'élève à 7,102,808,355 francs ; elles ont payé en sinistres dans une année 2,138,610 francs. La propriété foncière entre pour les deux tiers dans ces chiffres.

Les compagnies d'assurance contre la mortalité du bétail, la grêle et les inondations, assurent un ensemble de valeurs s'élevant à 545,507,660 francs ; elles payent année moyenne en indemnités 10,662,204 francs. Nous ne savons rien sur le montant des primes qu'elles prélèvent ; mais il doit être considérable, à en juger par le tarif onéreux de ces compagnies.

En résumé, la propriété immobilière en France est assurée jusqu'à concurrence d'environ 70 milliards ; l'impôt annuel qu'elle paie aux compagnies ne peut être évalué à moins de 56 millions, tandis que le montant des indemnités qu'elle reçoit de ces compagnies s'élève à peine à 28 millions.

La somme de 56 millions acquittée en primes annuelles par la propriété n'est qu'un minimum approximatif. Sur ce total, les compagnies à primes fixes prélèvent 54 millions. Leurs opérations sont beaucoup plus étendues que celles des compagnies à primes variables ; et il faut bien le dire aussi, le prix de l'assurance à prime fixe est en général plus élevé que celui des compagnies basées sur la mutualité. Aussi, tandis que, pour les premières, le taux s'élève parfois jusqu'à 3 pour 1,000 de la valeur assurée et descend rarement au-dessous de 1 franc, dans le cas de l'assurance mutuelle, il est rare que ce taux s'élève à 1 pour 1,000, et il est le plus souvent inférieur à 50 centimes pour 1,000 francs : tel est le cas de l'une des plus importantes de ces compagnies, la Société mutuelle immobilière de Paris, dont les opérations sont limitées aux immeubles de la capitale et dont le total des valeurs assurées dépasse trois milliards : la part contributive de chacun de ses assurés s'est élevée, pour l'exercice 1873, à 9 centimes pour 1,000 francs. Un immeuble de 260,000 francs paie seulement 25 fr. 65 c. !

C'est là une heureuse application de l'idée coopérative à l'assurance en matière de propriété : la mutualité, c'est-à-dire la coopération, fournit la solution la plus simple et la plus économique du problème de l'assurance ; il ne s'agit que d'étendre l'application. L'assurance mutuelle rendrait un service immense à nos campagnes, qui s'assurent peu en raison du taux élevé de la prime pour les couvertures en paille, et pour qui les accidents d'incendie sont toujours plus fréquents et plus graves.

Cette question de la mutualité de l'assurance a été bien des fois examinée, mais à un point de vue qui ne saurait être le nôtre. On a proposé d'organiser la mutualité à l'aide de l'Etat, celui-ci se faisant l'assureur de la propriété et prélevant un impôt spécial dont la quotité serait déterminée par le montant annuel des sinistres constatés. Nous sommes de ceux qui repoussent l'intervention de l'Etat dans cette question comme dans beaucoup d'autres. Nous croyons que la coopération, quelque nom qu'elle prenne et à quelque objet qu'elle s'applique, ne peut réussir que par l'initiative privée, s'exerçant en dehors de la tutelle du gouvernement.

Il appartiendrait aux conseils généraux de provoquer

l'initiative privée et de déterminer la création de compagnies d'assurances mutuelles dans le centre de la France qui en est surtout dépourvu. Mais comme la coopération ne peut donner de bons résultats qu'à la condition d'être appliquée sur une échelle suffisamment large, il serait nécessaire que plusieurs conseils généraux se concertassent pour former une compagnie régionale qui embrasserait plusieurs départements (1). Nous ne doutons pas qu'avec ce patronage, l'assurance mutuelle ne se généralisât promptement dans nos départements du Centre. Mais notre rôle doit se borner à ces indications sommaires : c'est aux hommes qui ont charge et souci des intérêts départementaux qu'il appartient de résoudre cette question si intéressante pour les campagnes.

Ici se termine ce que nous avions à dire de l'enquête dans notre département. Les vœux de l'agriculture peuvent se résumer dans les propositions suivantes :

1° Révision du cadastre, pour arriver à un abornement général des propriétés et établir la péréquation de l'impôt foncier entre tous les départements.

2° Développement et entretien du réseau de grande et petite vicinalité ; achèvement de la voie ferrée de Clermont à Tulle et des lignes secondaires qui s'y rattachent.

3° Affectation d'une partie des journées de prestation au desséchement des marais.

4° Instruction primaire agricole développée dans les écoles communales.

5° Extension de la compétence des juges de paix en matière agricole ; création d'un syndicat de prud'hommes

---

(1) La *Société immobilière d'Orléans*, à laquelle les propriétaires de la Beauce sont assurés pour une valeur de 255 millions, la compagnie mutuelle la *Normandie* qui assure 660 millions d'immeubles dans sept ou huit départements du Nord, sont parvenues à abaisser le taux de l'assurance à 0 fr. 35 c. pour 1.000 francs.

dans chaque canton pour le règlement des questions inté-
ressant l'agriculture.

6° Révision des tarifs pour le transport en chemin de
fer des engrais et produits agricoles.

7° Diminution des droits fiscaux atteignant les successions directes et les ventes judiciaires d'immeubles d'une
valeur inférieure à 1,000 francs.

8° Révision des articles 826 et 827 du code civil, dans
un sens plus favorable au droit du père de famille.

9° Révision de la législation sur les échanges de terres
contiguës.

10° Extension du privilége conféré par l'article 2102 du
code civil aux prêteurs, pour achat d'engrais, amende-
ments, machines et cheptels.

11° Organisation de l'assistance médicale dans les campagnes et d'un service pour la vérification des naissances
et des décès à domicile.

12° Etablissement d'un impôt sur les opérations et jeux
de Bourse ; extension aux fonds d'Etat de l'impôt supporté
par les autres valeurs mobilières.

13° Organisation régionale de l'assurance coopérative
agricole (incendie, grêle, épizooties).

14° Promulgation du code rural.

Tels sont les vœux de l'agriculture : mais il ne suffit
pas d'en avoir consigné l'expression platonique dans les
comptes-rendus d'une enquête officielle ; pour en assurer
la réalisation, il faut que les intéressés, c'est-à-dire les
51,600 propriétaires fonciers de la Corrèze, au jour inévi-
table et certainement très-prochain du renouvellement de
l'Assemblée nationale, se réunissent, se concertent ; qu'ils
libellent leurs revendications sous forme de cahier, comme
le firent nos grands pères en 1789, et qu'à leur exemple,
ils donnent mandat spécial et de *rigueur* aux députés qu'ils
auront choisis, pour défendre ce programme devant l'Assemblée législative.

NOTE SUR TURGOT.

—

Il nous est arrivé plus d'une fois, dans le cours de ce travail, de citer le nom de Turgot : c'est que nul homme n'a autant fait pour le Limousin que cet administrateur, dont le souvenir est resté populaire dans notre pays. Qu'on nous permette de rappeler brièvement ici les principaux traits de sa carrière.

Il fut nommé intendant du Limousin en 1762. Dès 1763, il obtenait pour sa généralité un dégrèvement de 190,000 livres sur la taille. Il supprima les corvées odieuses aux cultivateurs et les remplaça par un sytème de redevances plus équitable. Il organisa l'instruction primaire dans les campagnes, se servant des curés comme instituteurs, les employant également à répandre dans leurs paroisses les notions de l'économie rurale. Il leur fit distribuer gratuitement des pommes de terre (1), les invitant à en planter et à en répandre l'usage dans leurs paroisses ; il s'endetta personnellement de ce fait pour 20,000 livres.

Il fonda à Limoges une société d'agriculture, institua des concours et des prix, rédigeant lui-même le programme des questions mises au concours, et faisant les frais des fondations. En 1770, le Limousin fut affligé par une disette affreuse, disette générale d'ailleurs, provoquée par le mauvais état des récoltes, mais surtout par les menées des accapareurs, les associés du fameux *Pacte de famine*, parmi

---

(1) Une vieille chanson limousine encore chantée dans les campagnes a perpétué le souvenir de ce bienfait ; mais, ce qu'il est bon de remarquer, c'est que Turgot précéda Parmentier dans sa campagne pour la propagation du précieux tubercule ; dès 1768, on mangeait des pommes de terre en Limousin, quand Parmentier en était encore aux essais théoriques.

lesquels figuraient les d'Orléans, de tout temps âpres au gain, et le roi lui-même, Louis XV le Bien-Aimé. Grâce à Turgot, le Limousin échappa aux conséquences meurtrières de la famine. Il créa dans toutes les villes des ateliers de charité, où les ouvriers trouvaient du travail et du pain. Comme certains propriétaires, pour se débarrasser des bouches inutiles, expulsaient leurs colons, Turgot rendit une ordonnance dont il convient de rappeler les termes : « Les propriétaires seront tenus de garder et de nourrir jusqu'à la récolte prochaine (l'ordonnance est du 28 février 1771) leurs métayers et colons, à peine d'être contraints de fournir à la subsistance de quatre pauvres pour chacun des métayers ou colons congédiés, et cela parce que ces pauvres gens s'épuisent à mettre en valeur les biens de leurs maîtres, lesquels doivent à leurs travaux tout ce qu'ils possèdent. »

Il fonda à Limoges un cours d'accouchements, destiné à former des sages-femmes pour la campagne ; il établit dans la même ville une école vétérinaire, en même temps qu'il ouvrait en 1763 un haras à Pompadour ; il choisit dans toute la généralité un certain nombre de médecins, qui devaient lui rendre compte périodiquement des épidémies et épizooties régnantes, et secourir aux frais de l'intendance les localités éprouvées. C'est encore à lui que Limoges doit sa manufacture de porcelaines, Brive sa manufacture de toiles peintes et de flanelles établie sur un terrain donné par la ville et dont les de Noailles essayèrent de contester la propriété ; enfin, Treignac, ses métiers de toile et de droguets, en chômage depuis la révocation de l'édit de Nantes, par suite de l'émigration des ouvriers protestants.

Pendant les douze années que dura son intendance, il fit construire vingt-deux ponts et plus de 160 lieues de grandes routes. Il fit ouvrir la route de Lyon à Bordeaux, passant par Ussel. Tulle et Brive : la route de Limoges à Rodez, passant par Tulle : rectifia la route de Paris à Toulouse dans sa traversée du Bas-Limousin ; construisit les routes de Neuvic à Felletin, de Bort à Limoges, d'Uzerche à Argentat, de Tulle à Treignac, de Tulle à Meymac, de Tulle à Beaulieu, de Brive à Turenne, de Lubersac à Juillac, etc., etc.

En 1768, le gouvernement offrit à Turgot l'intendance de Lyon. Il refusa cette offre brillante, aimant mieux rester au milieu de ses *chers Limousins*, pour assurer le succès des réformes qu'il avait entreprises. Il pensait avec raison que quatre ou cinq ans ne suffisent pas à un administrateur pour réaliser quelque bien dans un pays pauvre et aussi peu favorisé de la nature que des gouvernements. Que dirait-il à présent, s'il était témoin de ce va-et-vient d'administrateurs au jour le jour, de ce mouvement continuel de préfets que chaque révolution, chaque crise ministérielle amène dans notre département? Il y a lieu de croire qu'il serait peu émerveillé de cette organisation politique qui, en soixante-quatorze ans (de 1800 à 1874) nous a donné 32 préfets, ce qui fait ressortir à deux ans et trois mois la durée moyenne de leurs fonctions dans notre département. Deux ans et trois mois ! De quelques bonnes intentions qu'un préfet soit animé, lui est-il possible de se rendre utile, dans un laps de temps aussi court? Impuissant pour le bien, il ne l'est malheureusement pas pour le mal, témoin M. Marlière qui, après un séjour de quelques mois, a légué à la Corrèze une dette accrue d'un million et demi. De pareils faits, de pareils résultats sont la condamnation de notre système administratif, et peut-être faudrat-il en revenir aux administrateurs élus par les conseils généraux et pris dans leur sein, système qui a fonctionné de 1791 à 1800 et qui a donné les meilleurs résultats.

Turgot quitta le Limousin en 1774 ; il venait d'être nommé ministre : des messes furent célébrées dans toutes les paroisses de la généralité pour le succès de sa nouvelle mission. Il fut moins heureux qu'en Limousin : il avait à lutter contre un parti tout-puissant et réfractaire à toute idée de réforme. On s'efforça de le perdre dans l'esprit de

Louis XVI. Sire, lui disait-on, M. de Turgot est un nova-
teur (on dirait aujourd'hui un radical). — Sire, M. de
Turgot est un encyclopédiste : il avait écrit quelques articles d'économie sociale, entre autres l'article *Foires*, qui
est un des plus remarquables de ce recueil. — Sire, M. de
Turgot veut réduire à la misère votre noblesse, qui est le
plus bel ornement du trône. Turgot venait de présenter
un mémoire au roi, dans lequel il se prononçait contre
l'augmentation d'impôts et proposait la réduction des dépenses et la suppression des sinécures. Deux heures après
la présentation de ce mémoire, il recevait ses lettres de
congé. Il rentra dans la vie privée, moins affligé de la perte
de sa place que de l'ajournement de toutes ses réformes.
La faction de *l'ordre moral* (elle est de tous les temps) battit
des mains à la chute de ce grand ministre, le seul homme
qui eût pu la sauver, en prévenant par de sages concessions
cette Révolution qu'elle devait rendre nécessaire et malheureusement aussi implacable.

On aura peine à croire que cet homme de bien, que cet
administrateur de génie, qui a tant fait pour le Limousin,
n'ait pas un buste, pas même une plaque commémorative
dans le local des séances du Conseil général de la Corrèze.

FIN.

TABLE DES MATIÈRES.

BRIVE, IMPRIMERIE M.-F. ROCHE, GRAND'PLACE.